# HASTA LA SEPULTURA

**Cover Art by**
**Irene Jiménez Casasnovas**

**Chapter Art by Marilyn Fusilier**

Written by
**Kristy Placido**

Copyright © 2016 Fluency Matters
**All rights reserved.**

ISBN: 978-1-940408-98-9

Fluency Matters, P.O. Box 11624, Chandler, AZ 85248

**800-877-4738**

info@FluencyMatters.com • FluencyMatters.com

# Acknowledgments

I would like to thank my wonderful friend Celia Barquín Guerola for inspiring me to want to learn Spanish and know her country, Spain. Her support is unending and she always has patience for one more question about the Spanish language!

*Muchísimas gracias* to Cynthia Hitz and Nelly Hughes for always providing an extra set of eyes and awesome feedback!

I'd also like to thank my students for their constant enthusiasm and for always making me strive to be a better teacher each year.

I'd like to thank my aunt, Marilyn Fusilier, for making this book and our lives more beautiful. I love you!

Finally, I'd like to thank my husband Brad for supporting me and for picking up the slack at home while I work on yet ANOTHER project; Patrick and Carol Gaab for allowing me so much creative freedom (and for all the laughs, pontoon rides and amazing meals they provide); and most especially to Carrie Toth and Carol Gaab for being my beautiful 'seestras'.

# About the Author

**Kristy Placido** has been a high school Spanish teacher since 1997. She holds a masters degree in Curriculum and Teaching from Michigan State University and an additional endorsement in School Library Media from Grand Valley State University. In addition to *Hasta la sepultura*, Kristy has authored *Robo en la noche*, *Noche de Oro*, *Noches misteriosas en Granada* and *Frida Kahlo*. She also co-authored *Brandon Brown versus Yucatán* as well as several Teacher's Guides and Spanish curricula. She is passionate about creating compelling, culture-rich and comprehensible reading materials for students!

## A NOTE TO THE READER

This fictional story takes place in modern-day Spain and contains elements of real events and places.

This book is written strategically and comprehensibly at an intermediate level to help you easily pick up advanced grammatical structures while you enjoy reading a compelling and suspenseful story. We suggest you peruse the glossary to familiarize yourself with some common structures that are used throughout the story.

The comprehensive glossary lists all high-frequency words and phrases that are used in the story. In addition, the glossary lists more advanced and complex structures, which are also footnoted at the bottom of the page where each occurs.

We hope you enjoy the story...

# Índice

# Capítulo 1
# El amigo que no llegó

*13 de septiembre, 22:00*

Lucas miró su celular con preocupación. Era muy raro que no hubiera oído nada de Youssef. *¿Dónde podría estar?* Lucas se sentía ansioso por seguir trabajando. Aparte de sentirse aburrido cuando no trabajaba, se dio cuenta de que tendría que pagar el alquiler de su piso[1] en tres días.

---

[1] *el alquiler de su piso - the rent of (for) his apartment*

Youssef al-Abdari era un joven marroquí de veinticuatro años. Se había graduado de la universidad de Salamanca, en España, el año anterior. Como su familia era muy rica, a Youssef realmente no le hacía falta trabajar, pero tenía un espíritu aventurero y aunque no le hacía falta[2] ganarse la vida trabajando se aburría y buscaba aventura. Youssef andaba en busca de tesoros. Era un hombre guapo, con un buen sentido del humor, pero era un poco vago[3] y también tenía la tendencia a ser arrogante.

Todo el mundo sabía que había tesoros en Marruecos. Siglos[4] atrás, cuando los españoles colonizaron el norte de África, muchas personas

[2]*no le hacía falta - he didn't need*
[3]*vago - lazy*
[4]*siglos - centuries*

árabes, que vivían en el norte de África, enterraron[5] sus cosas de valor. Hoy en día buscar tesoros estaba prohibido en Marruecos. Hasta era ilegal usar detectores de metales. Pero de todas formas, muchas personas buscaban tesoros. Los buscaban de noche cuando era menos peligroso ser descubierto. Era algo peligroso porque como era una actividad ilegal, había muchos ladrones que robaban a otros ladrones y también muchos actos violentos.

Lucas Montero era arqueólogo de profesión. Trabajaba como profesor de arqueología en la Universidad de Salamanca. A los cuarenta y dos años era el profesor más joven de la facultad, pero era muy talentoso. Allí en la universidad conoció a Youssef, un buscador de tesoros y empezó su trabajo extra con él. Era tan lucrativo que Lucas pidió un año sabático para trabajar exclusivamente con Youssef. Además, Youssef era un buen muchacho y a Lucas le gustaba trabajar con él. Siempre sonreía cuando Youssef lo llamaba 'Indiana Jones'.

Sonó un bip de su celular. Lo miró y había un

[5]*enterraron - they buried*

mensaje de texto de Youssef. *«¡Indy! ¿A las 11 en el bar El Muelle? Hay una concha[6] fuera del mar y te voy a meter en un 'rollo.'[7] Ja ja»*. Eran las 10 y era una noche bonita, así que Lucas decidió ir caminando. A Lucas le gustaba mucho la aventura de su nueva vida en Marruecos. No había mucha aventura en ser profesor universitario. Cuando Lucas habló con la gente sobre ser arqueólogo, todos pensaban que él trabajaba en el desierto, descubriendo artefactos antiguos, pero la realidad era que trabajaba la mayoría del tiempo en una oficina con su computadora.

Llegó a El Muelle y buscó una mesa en un rincón[8] privado. Probablemente tendrían que hablar sobre actividades ilegales y no quería llamar la atención. Era la medianoche y no había señales de vida de Youssef. Lucas se sentía irritado. Era típico que Youssef encontrara una mejor oferta y que dejara plantado[9] a Lucas. Lucas imaginaba que

[6]*concha - sea shell*
[7]*meter en un rollo - get into trouble (rollo - scroll, roll)*
[8]*rincón - corner*
[9]*(que) dejara plantado - stand him up; literally, 'to leave him planted'*

4

Youssef habría conocido a una chica y que ellos paseaban en este momento en su yate. Lucas pagó la cuenta y salió del bar.

Caminó media hora para volver a su piso. Cuando llegó se dio cuenta de que su puerta estaba un poco abierta. Con mucho cuidado abrió la puerta lentamente. No oyó nada, pero no quería prender la luz. Lucas sabía que de ninguna manera habría dejado la puerta abierta. Alguien o estaba en el piso o había estado en el piso.

Entró en el piso con mucho cuidado. No quería hacer ruido por si acaso[10] hubiera algún ladrón. No podía ver y no vio todos los libros en el suelo.

[10]*por si acaso - in case*

De repente se cayó y causó una gran conmoción. Si hubiera un ladrón en el piso ya Lucas habría anunciado su presencia. Lucas prendió la luz. Vio que había un estado de caos total en el piso. Había libros, papeles y ropa en el suelo. El sofá estaba fuera de su lugar normal. Todas las puertas en la cocina estaban abiertas y había platos rotos en el suelo. Era un desastre total. En medio del desorden Lucas se dio cuenta de que había algo en el suelo que no era suyo.

## Capítulo 2
## El escape

*14 de septiembre, 00:30*

Lucas extendió la mano hacia el celular que estaba en el suelo. No lo reconoció. Lo recogió indeciso, con mucho cuidado, como si fuera un huevo frágil o una bomba activa. Sabía que era el celular de la persona que había entrado en su piso. Y también se dio cuenta de que la persona iba a darse cuenta muy rápido de que se había quedado sin su celular. Lucas no quería estar presente en el piso cuando esa persona regresara.

Pero tampoco iba a dejar el celular. Tenía que sacar el celular e irse rápido para llamar a la policía. Pero por otro lado, Lucas participaba en actividades ilegales. Entre la destrucción de su piso había detectores de metal, mapas, todas las cosas que usaban para excavar y explorar los sitios donde buscaban tesoros. La policía iba a tener muchas preguntas para él. Y como era español y no marroquí, iban a sospechar más. Realmente no quería llamar a la policía.

De repente, oyó voces. No quería que lo descubrieran; tenía que esconderse. No sabía si eran peligrosos o si tenían pistolas. Vio que la puerta del balcón estaba abierta, así que corrió al balcón silenciosamente. Se dio cuenta de que la luz estaba prendida. ¿Iban a darse cuenta de que él había estado en el piso?

Oyó dos voces masculinas entrar en el piso:

– Tú, busca en la cocina y yo buscaré aquí en la sala. Tiene que estar aquí.

No mencionaron la luz y por eso Lucas se sintió aliviado. Pero no podía quedarse en el balcón. Cuando no encontraran el celular en el piso, ¿qué pasaría? ¿Irían a buscar en el balcón? ¿Iban a encontrarlo? Una tormenta de pensamientos irracionales pasaba por la cabeza de Lucas. Tendría que tranquilizarse. Su vida dependía de ello.

– Date prisa –dijo uno de los hombres–. Tenemos que encontrar a Youssef. Uno de estos imbéciles tiene los artefactos. Mi contacto es muy confiable[1] y me dijo que este par de idiotas los había recibido.

Lucas creyó que podía escapar al balcón del piso de abajo. Miró hacia abajo y no parecía mucha distancia. Creía que podía llegar. Saltó y

[1]*confiable - trustworthy*

9

consiguió[2] llegar al balcón. Pero había una mujer sentada en una silla en el balcón. Cuando Lucas saltó enfrente de ella, ella tiró su libro hacía él y gritó como si él fuera un asesino: «*¡Ayyyyyy! ¡Policía! ¡Socorro!*» Lucas oyó las voces de los hombres en su piso. Uno de ellos gritó: «*¡Hay alguien! ¿Quién anda allí?*[3]». Oyó que las voces ya estaban directamente arriba en el balcón.

Lucas no tenía tiempo para pensar. Ya le había dado un susto de muerte a la pobre mujer, así que no tenía nada que perder. Corrió por la puerta de su balcón, entró corriendo a su piso, y salió por la otra puerta. Bajó las escaleras tan rápido como pudo y salió a la calle. Estaba respirando como si hubiera corrido un maratón. No quería correr más porque no quería llamar la atención de la gente en la calle, pero sabía que los dos hombres iban a salir muy pronto del edificio y no quería esperarlos. Intentó caminar normalmente como si no hubiera pasado absolutamente nada, pero dentro de su cabeza había una tormenta de pánico.

[2]*consiguió llegar - he made it*
[3]*¿Quién anda allí? - Who's there?*

Lucas tenía que buscar a Youssef. Le mandó un mensaje de texto a Youssef. Vio su mensaje previo. Indicó '*recibido*' pero no '*leído*'. Eso significaba que Youssef no había visto su mensaje. Eso no era normal. Youssef siempre tenía su celular, normalmente en la mano en todo momento. Eso molestaba a Lucas mucho porque cuando quería hablar con Youssef, Youssef nada más miraba su celular. *¿Cómo era posible que Youssef no hubiera leído un mensaje de texto en dos horas?*

Una posibilidad era que estuviera en su yate y hubiera ido a una distancia que no tenía señal telefónica. Otra posibilidad era…Lucas ni quería imaginarlo. Lucas ya sabía que Youssef estaba en peligro. Lucas decidió irse de prisa hacia el puerto deportivo para ver si el yate de Youssef estaba allí. Podría ser una cuestión de vida o muerte.

# Capítulo 3
# Abuela

*13 de septiembre, 15:00*

Era martes. Era un bonito día de septiembre. Adriana Montero llegó a casa después de un día de clases. Tenía dieciséis años y vivía con su abuela en Alcalá de Henares, una pequeña ciudad cerca de Madrid en España. Su abuela ya era muy vieja y ella contaba con Adriana para ayudarle en todo. A Adriana no le importaba ayudar a su abuela, pero a veces tenía ganas[1] de salir con sus amigos y vivir una vida normal como los otros muchachos. A veces tenía resentimiento hacia sus padres.

No conocía a su padre. Era irlandés y Adriana dudaba que él se diera cuenta de que era padre. Su madre era actriz y trabajaba en los Estados Unidos. Ella la visitaba durante la Navidad o durante el verano si no tenía que trabajar, pero Adriana realmente prefería que no la visitara. Su madre pasaba todo el día durmiendo o hablando por teléfono. Por la noche, salía con sus amigos en Madrid y nunca volvía antes de las seis de la mañana.

La vida de Adriana era más caótica cuando su mamá venía a visitarla. Adriana también se dio cuenta de que las visitas causaban mucho estrés para su abuela.

Aparte de su mamá y su abuela, Adriana no tenía mucha familia. Solo tenía un tío, Lucas, el hermano de su mamá, que era profesor de

[1]*tenía ganas - she felt like; she really wanted*

arqueología. Su tío tenía diez años menos que su mamá. Adriana imaginaba que su tío Lucas había sido una sorpresa para sus abuelos. A Adriana le gustaban mucho las visitas de su tío. Él era mucho más atento que su mamá. Él sabía muchas historias y siempre se las contaba a Adriana. A Adriana no le importaba que le contara la misma historia más de una vez.

La abuela de Adriana ya estaba muy vieja y no podía hacer muchas cosas. No le era fácil caminar sola y no podía ver ni oír muy bien. Pero a pesar[2] de todo, ella le preparaba una comida deliciosa a Adriana todos los días. Adriana entraba a la casa todos los días, hambrienta, esperando el olor a comida.

Pero este día, no había olor a comida en el piso de su abuela. Cuando Adriana entró, no oyó nada. Nada parecía normal. Adriana entró en la cocina. Todo parecía estar en orden, pero no había evidencia de que la comida estuviera preparada. Adriana tenía hambre, pero empezó a sentir un dolor muy incómodo en el estómago, se sentía

[2]*a pesar (de) - in spite (of); despite*

14

preocupada y estaba nerviosa. Corrió al dormitorio de su abuela. Todo parecía estar en orden en el dormitorio. Fue a mirar por la ventana hacia el balcón cuando oyó algo. Oyó la voz débil y suave de su abuela. *«Adriana…»*

Adriana notó que la voz venía del baño. Estaba muy asustada, pero tenía que ver lo que estaba pasando. Después de una pequeña pausa, dijo: *«¿Abuela?»* y corrió al baño.

## Capítulo 4
## Genio y figura

*14 de septiembre, 01:00*

Lucas fue de prisa al puerto deportivo[1] y empezó a buscar el yate de Youssef. Él había acompañado a Youssef a su yate dos o tres veces, pero no recordaba exactamente donde estaba. Pero sabía el nombre del yate: *'Genio y figura'*.

[1]*puerto deportivo - marina*

Lucas pensó en el primer día en que vio el yate. Se había reído un poco del nombre. Viene de un dicho[2] *'Genio y figura, hasta la sepultura[3]'.* El dicho quería decir 'La gente no cambia'. Youssef era un buen ejemplo de una persona que no cambiaba. Era el mismo Youssef de siempre…no se preocupaba por nada y ahora…*¿Dónde podría estar?*

Encontró el yate y no vio señales de Youssef. Abordó el yate y decidió mirar por el yate un poco. Abrió varias puertas y todo parecía estar normal. No había señales de problemas. Entró en el dormitorio. En la cama había dos cosas: Una piedra en forma de concha y un pequeño rollo de papel.

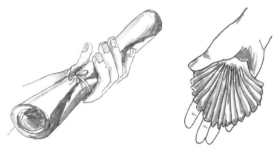

²*un dicho - a saying; an expression*
³*sepultura - grave; sepulchre*

Pensaba en el mensaje de texto que recibió de Youssef *«Una concha fuera del mar y te voy a meter en un rollo».* El mensaje era muy misterioso. Lucas no lo había entendido. *¿Había una conexión entre el mensaje y estas cosas que estaban encima de la cama?* Las dos cosas parecían muy antiguas. Desenrolló[4] el papel. Era muy frágil así que lo quería desenrollar con mucho cuidado.

Había un mensaje escrito en el rollo de papel. Lucas no podía leerlo. Sabía leer árabe, pero este

[4]*desenrolló - he unrolled*

mensaje no estaba escrito en árabe. Lucas se dio cuenta de que estaba escrito en tifinagh[5]. Era el alfabeto de los idiomas bereberes[6], que eran muy comunes en los países árabes. Lucas se dio cuenta de que el alfabeto era tifinagh, pero no sabía interpretarlo. Había un profesor de lingüística en la Universidad de Salamanca que sabía leer tifinagh. *¿Quizás él pudiera ayudarme a interpretarlo?*

De repente sintió la vibración de un celular. No era su celular, era el que encontró en su piso. Pausó un momento nerviosamente. Tuvo un momento de pánico cuando se dio cuenta de que era posible que los hombres que lo habían perseguido pudieran localizarle porque tenía el celular en su posesión. Con mucha ansiedad, miró el celular. Había una notificación de un mensaje de texto:

El marroquí 💀
El español 👀

[5]*tfiinagh - the alphabet used in Berber languages*
[6]*bereberes - Berbers: pre-Arabic people of northern Africa*

19

*¿Español? ¿Hablaban de mí?* Se sintió muy asustado por el mensaje de texto. *¿Esto quería decir que Youssef estaba muerto?* Tiró el celular en el mar.

Lucas se dio cuenta de que estos hombres eran muy peligrosos. Posiblemente eran asesinos. Y posiblemente sabían exactamente dónde estaba él en este momento. Tenía que irse, e irse de prisa.

Caminó de prisa hacia el otro lado del puerto deportivo. No sabía a dónde iba. Obviamente no iba a su casa. Cuando llegó a cierta distancia del yate sacó su celular para ver si había un mensaje de texto de Youssef. Se dio cuenta de que había un mensaje de voz de su sobrina Adriana. Ella lo

había dejado hacía horas, pero con todo lo que le había pasado no se había tomado el tiempo para escucharlo.

En el mensaje de voz, Adriana lloraba: *«Tío, soy Adriana. La abuela ha tenido un accidente. Se cayó en el baño y está herida[7]. Está en condición grave. Ya estamos en camino[8] al hospital Rosario en Alcalá, en ambulancia. Estoy muy asustada. Por favor, llámame. Te quiero».*

Lucas tendría que irse tan rápido como fuera posible para Alcalá de Henares. Tenía que salir de Marruecos de todas maneras. Pensaba con preocupación en su madre y en su sobrina Adriana cuando vio las luces de un coche entrar en el puerto deportivo. Dos hombres salieron. Eran los mismos hombres que lo habían perseguido. *¿Por qué querían estas cosas?*

Lucas vio como los hombres abordaban el yate. Podía oír sus voces: *«¡No están aquí! ¡Seguro que el español se llevó la concha y el rollo! ¡Tenemos que encontrarlo!».*

---

[7]*está herida - she is injured*
[8]*en camino - on the way*

Lucas se dio cuenta de que la concha de piedra y el rollo tenían mucha importancia para esos hombres y que posiblemente habían causado la muerte de Youssef. Aunque hacía mucho calor, Lucas sintió un escalofrío[9] y supo que tenía que escapar de prisa.

[9]*escalofrío - chill*

## Capítulo 5
## Vidas cambiadas

*14 de septiembre, 09:00*

Lucas pasó la noche esperando en un parque. No quería volver a su piso. En la mañana fue al puerto y tomó el ferry a España. Pensaba en Youssef: *¿Dónde estaba? ¿De dónde sacó el rollo antiguo de papel y la concha de piedra? ¿Por qué esos hombres buscaban el rollo y la concha de piedra? ¿Habían matado a Youssef por estas cosas?* Era todo un misterio y a Lucas no le gustaba para nada. Tenía que haber una conexión entre estas cosas y la desaparición de Youssef. Abordó un tren para Alcalá de Henares. En el tren se durmió pensando en todos sus problemas.

Cuando llegó a Alcalá de Henares, fue directamente al hospital, pero su madre ya se había muerto. Se sintió terrible porque Adriana había pasado un momento tan difícil sola. Adriana estaba muy triste.

Lucas y Adriana volvieron al piso de la abuela. Lucas sabía que necesitaba hacer una llamada difícil a su hermana, la mamá de Adriana. Llamó a su hermana, para informarle sobre la muerte de su madre. Lucas llamó, y como siempre, habló con la asistente personal de su hermana Mónica.

– Hola, soy Lucas, el hermano de Mónica. Ha

pasado algo, necesito que vuelva a España.

– Lo siento mucho, pero está filmando hoy. Estamos en Nueva Zelanda y no hay manera de que pueda volver a España ahora.

– Nuestra madre se murió.

La asistente fue a hablar con Mónica. Después de varios minutos Mónica tomó el teléfono.

– Hermano...

– Hola Mónica. ¿Tu asistente te dijo que mamá murió?

– Ay, sí, Lucas. Estoy completamente destrozada. Qué lástima[1] que no pueda volver a España en este momento. Estamos filmando una escena muy importante, ¡y el tiempo es dinero! –su voz no reveló ninguna tristeza–. Pues, ¡dale un beso a Adriana de mi parte! ¡*Ciao*!

Lucas terminó la llamada sin decir nada más. Estaba muy enojado con su hermana y su irresponsabilidad. Su madre se había muerto pero ella

---

[1] *qué lástima - what a shame*

25

ni podía volver a España ni hablar con su propia hija. Su carrera siempre iba por delante[2] de las necesidades de su hija y de su familia. Lucas no quería decirle nada a Adriana. Ella ya sabía cómo era su madre. Lucas decidió tomar toda la responsabilidad de su sobrina.

Lucas decidió que era el momento de volver a su trabajo en Salamanca. No podía volver a Marruecos. No sabía dónde estaba Youssef y no quería problemas con los hombres que lo perseguían. Seguramente no iban a buscarlo en Salamanca. Iba a dejar la vida de buscador de tesoros y volver a la mucho menos peligrosa, aunque aburrida, vida de profesor universitario. Pero no podía dejar de pensar en Youssef. *¿Qué le pasó? ¿Su desaparición tenía que ver con el rollo de papel y la concha de piedra?* Youssef dijo: «*te voy a meter en un rollo*». *¿Qué rollo?*

Lucas sentía mucha confusión pero sabía que necesitaba proteger estas cosas antiguas. También quería que su colega, el profesor de lingüística, viera el rollo de papel. Quizás, si sabía lo que

[2]*iba por delante - came before*

decía el papel, sabría algo sobre la desaparición de su amigo Youssef.

Al día siguiente, Adriana fue al colegio[3] y Lucas planeó el funeral para el jueves. Su mamá no tenía muchos amigos, y él y Adriana realmente eran su única familia.

Lucas fue a un café y se sentó. Llamó a la Universidad de Salamanca. Las clases estaban a punto de empezar, pero le dijeron que podía trabajar como asistente en un proyecto especial. No iba a dar clases, pero podía trabajar. Y podía volver a su oficina con sus colegas en Salamanca. Era suficiente. Después llamó a un internado[4] cerca de la universidad, El Internado Maldonado, para ver si Adriana podía ingresar. Quería tener a su sobrina cerca de él, pero no creía que pudiera darle una vida muy estable. Ella necesitaba estar con otros adolescentes, comer buena comida y concentrarse en sus estudios. Lucas tendría que viajar por su trabajo y no podía cuidar a su sobrina.

A las tres, Lucas pasó por el colegio de

[3]*colegio - school*
[4]*internado - boarding school*

27

Adriana. Le llevó a una churrería enfrente del edificio del piso de la abuela para hablarle sobre el futuro. Había una terraza pequeña con mesas donde podían ver el balcón del piso de la abuela y una plaza pequeña donde unos niños jugaban. Mientras comían sus churros, Lucas le explicó todo.

> – Adriana, tú sabes que no puedes quedarte aquí sola, ¿verdad?
>
> – Claro, tío. ¿Mi mamá va a volver conmigo?
>
> – No creo. Yo pensaba que podrías vivir

más cerca de mí...si quieres, digo.

Adriana pensó un momento. Había vivido toda la vida en España. Sabía que su tío se había ido a Marruecos y que había pedido un año sabático de la Universidad de Salamanca. No sabía si le gustaba la idea de irse a Marruecos...pero no quería causar problemas para su tío Lucas tampoco. Todo esto era mucho para ella. Necesitaba tiempo para pensar. Pero evidentemente no había mucho tiempo.

– Pues...sí, claro. Voy contigo a Marruecos.

El tío Lucas la miró un poco sorprendido y entonces le dijo:

– No, Adriana, no voy a llevarte a Marruecos. Mi trabajo en Marruecos se terminó. La Universidad de Salamanca me va a contratar este semestre para un proyecto especial. Tú y yo vamos a Salamanca. No está lejos.

– Entiendo. Pues la verdad es que me alivia. No quería causarte problemas pero la idea de ir a Marruecos...pues no sé.

– Ya tengo todo preparado. Vas a un internado. Se llama El Internado Maldonado.

29

# Capítulo 6
## Peligro

*15 de septiembre, 16:00*

– ¿Internado? ¿No voy a poder vivir contigo? –dijo Adriana tristemente.

Adriana miró a las otras personas que comían
churros en la terraza de la churrería. Ella imaginaba que estas personas no conversaban de cosas
tan serias.

– Pues, no tengo una vida muy estable.
Tengo que viajar mucho, nunca hay
comida en el refrigerador y trabajo
muchas horas. Tú vas a vivir mucho
mejor en el internado. Además, vas a
tener muchos amigos. Vas a tener una
vida social que no tenías en casa de tu
abuela. Y como vas a estar en
Salamanca, podemos vernos mucho.

Ella sabía que su tío tenía razón. Adriana no
quería dejar su colegio y sus amigos, pero no iba
a reaccionar mal. Ella sabía que su tío Lucas intentaba hacer lo que podía. Ella entendía que no
podía vivir sola aquí en Alcalá de Henares, sin su
abuela.

– Vas a salir mañana después del funeral
de la abuela. Las clases empiezan el
lunes. Yo tengo algunas cosas que hacer
y voy a llegar en dos o tres semanas,
pero tú necesitas hacer tus maletas esta
noche.

Adriana se comió tristemente el último churro. Miró hacia el edificio donde ella había vivido

31

con su abuela. Adriana se sentía triste. Iba a echar mucho de menos[1] a su abuela. El tío Lucas pagó la cuenta y salieron de la churrería. Cruzaron la calle para volver al piso de la abuela para hacer las maletas.

Adriana y su tío entraron en el piso de la abuela, e inmediatamente vieron que toda la casa estaba destruida. Todas las puertas estaban abiertas y el contenido de los armarios[2] estaba en el suelo. Había ropa, platos, libros y papeles por todas partes del suelo. Hasta la comida del refrigerador estaba en el suelo.

[1]*echar mucho de menos - to miss a lot*
[2]*armarios - cupboards; cabinets*

32

A Lucas le entró pánico. Pensó: «*¿Quiénes están persiguiéndome? ¿Y por qué?*».

Adriana se sentía tan fatigada y sensible después de todo lo que había pasado durante los últimos dos días que se sentó en el suelo y empezó a llorar. El tío Lucas no sabía qué hacer. No estaba acostumbrado a vivir en peligro y no sabía nada de cómo tranquilizar a una muchacha de 16 años que había perdido a su abuela.

Lucas tomó una decisión.

> – No podemos estar aquí. No quiero que estés en peligro. Voy a llamar a la policía.

El tío Lucas ayudó a Adriana a levantarse. La abrazó y toda la responsabilidad que ahora sentía por ella era inmensa. Decidió que no podían esperar en el piso de la abuela y los dos volvieron a la churrería para llamar a la policía.

En la calle, Lucas miró hacia todos lados y no vio nada. Se sentía paranoico, pero no quería causarle más estrés a Adriana. Después de veinte minutos dos oficiales de la Guardia Civil[3] llega-

[3] *Guardia Civil - Spanish national police*

ron. Los oficiales buscaron por todo el piso y no encontraron a nadie.

Los oficiales regresaron a la churrería después de buscar en el piso de la abuela. Lucas y Adriana los estaban esperando nerviosamente. Uno de los oficiales empezó a hacerle muchas preguntas a Lucas: «*¿Tiene Ud. algún enemigo? ¿Robaron algo de valor? ¿Dónde está el dueño de la casa? ¿Vive Ud. aquí? ¿Dónde trabaja Ud.?*».

Lucas respondió honestamente a todas las preguntas, pero hablar con la policía lo hizo sentir más nervioso. No les informó sobre sus problemas en Marruecos, ni del rollo de papel ni de la concha de piedra. Realmente no sabía si estas cosas tenían que ver con sus problemas pero todo empezó cuando recibió las cosas. El otro oficial dijo:

> – Probablemente alguien sabía que tu madre ya no estaba y usó la oportunidad para robarle. Avísanos si robaron algo de valor.

Los oficiales salieron de la churrería y Lucas le dijo a Adriana:

– Cambio de planes. Vas a salir hoy. Haz la maleta y date prisa. Voy a pedir un coche para llevarte.

– Pero tío… –empezó Adriana– el funeral…

– Lo siento, sobrina, pero podrías estar en peligro aquí. Yo me encargo[4] de todo. Tú vas al internado y yo me encargo de todo aquí. Vas a ver, todo va a salir bien.

Le dio un abrazo fuerte y repitió:

–Todo va a salir bien.

Todo pasaba tan rápido que Adriana ni tiempo tenía para pensar. El tío Lucas y Adriana volvieron al piso de la abuela.

Lucas sabía que necesitaba distanciarse del rollo de papel y de la concha de piedra. Tenía que protegerlos si iba a investigar este misterio más tarde. Tenía una idea: Entró en el dormitorio de su madre y encontró la caja de joyas de su madre. Él había jugado con esta caja cuando era un niño. Tenía un compartimento secreto en medio. Solo se

[4]*yo me encargo - I (will) handle; I (will) take charge*

podía abrir sabiendo la manera secreta de la posición de los cajones⁵. Abrió los cajones, cada uno
en una posición diferente y con un 'clic' se abrió
el compartimento. Con mucha prisa Lucas sacó
una foto de los artefactos y metió la concha de
piedra y el rollo de papel dentro del compartimento, lo cerró y cerró los cajones. Los artefactos iban
a estar más seguros aquí en el piso de su madre
que en Salamanca con él.

⁵*cajones - drawers*

Después de unos minutos Adriana apareció en la puerta del dormitorio.

– Tengo todas mis cosas en la maleta, tío Lucas –dijo tristemente.

Ella vio que Lucas tenía la caja de joyas de su abuela. Adriana empezó a llorar. Ella cruzó el dormitorio y tocó la caja.

– Tío. Ibas a darme la caja de joyas de abuela, ¿verdad? –y con emoción en la voz siguió–. No te puedes imaginar cuánto me encanta esta caja. La voy a guardar para siempre. ¡Gracias, tío Lucas! Es un tesoro.

*«Ni te lo puedes imaginar…»,* pensó Lucas. No quería darle la caja, pero no sabía qué decir. Decidió que podía recuperar los artefactos más tarde.

Ellos se fueron a la calle donde el coche esperaba a Adriana para llevarla a Salamanca. Adriana lloraba, y con un beso el tío Lucas le dijo 'adiós' a su sobrina.

# Capítulo 7
## La caja de sorpresas

*1 de octubre, 19:00*

Adriana miraba sus cosas en su cuarto. Mucho había cambiado desde que había llegado al internado hacía dos semanas. No había hablado con su tío Lucas, pero eso era normal. Él siempre trabajaba en áreas remotas. Ella sabía que él había estado trabajando en Marruecos e imaginaba que él había regresado. Miraba la caja de joyas de su abuela. Ella se sentía muy contenta por haberla recibido. Era muy bonita.

De repente, un grupo de alumnos entró haciendo mucho ruido al cuarto e invadiendo los pensamientos de Adriana. Eran Roberta, la compañera de cuarto de Adriana, y dos muchachos. Uno de los muchachos, Hugo, era el novio de Roberta. Era bajo  (como Roberta) y jugaba al fútbol. Tenía un balón en la mano cuando entró. El otro muchacho era su amigo Nico. Nico era más alto y muy atlético. Estos chicos eran muy simpáticos pero tenían mucha energía.

No simplemente entraron en el cuarto, sino que entraron jugando y riéndose.

Nico le gritó: «¡Pásamelo!». Sin darse cuenta de que estaban en el cuarto de las chicas y que había cosas frágiles que se podían romper, Hugo le dio al balón con la rodilla y se lo pasó a Nico con la cabeza. Nico, riéndose, le devolvió el balón con la rodilla. Hugo intentó devolvérselo de nuevo, pero perdió el control y el balón se fue directamente hacia la cabeza de Adriana. Adriana gritó con sorpresa, Nico salvó a Adriana del balón, pero en el proceso, el balón hizo contacto con la caja de joyas de la abuela de Adriana.

Nico intentó salvar la caja, pero no pudo. Estaba muy lejos para salvarla. La caja cayó al suelo con mucha fuerza–*¡PAM!* Adriana cerró los ojos. No quería ver la caja de su abuela en mil pedazos. Pero cuando abrió los ojos vio que la caja estaba intacta.

– ¡Perdóname Adriana! –dijo Nico–. ¡Fue sin querer! ¿Está bien la caja?

Nico era una persona muy genuina. A Adriana le caía muy bien[1]. Ella le respondió:

– Creo que está bien.

Nico miró la caja.

– Mi mamá tiene una caja similar. La de mi mamá tiene un compartimento secre-

---

[1] *le caía muy bien - she got along well with him; she liked him*

to. ¿La tuya también?

– No sé. No lo creo. –dijo Adriana pasandole la caja a Nico.

Nico tomó la caja y empezó a trabajar con los cajones.

– Se abre cuando pones los cajones en la posición correcta. Mira cómo están abiertos y parecen escaleras. ¡En esta posición se abre la caja!

Nico le demostró cómo funcionaba. El compartimento secreto se abrió y aparecieron el rollo y la concha de piedra.

Adriana tomó el
rollo de papel de la
caja. Lo abrió con
mucho cuidado por-
que parecía muy frágil.
Miró lo que parecían
letras en el papel, pero
no las pudo leer. Hugo
vio el rollo.

   – Parece árabe.

Nico se acercó a Adriana para ver el rollo.
Estaba muy cerca de Adriana. Adriana tenía la sensación de mariposas en el estómago cuando estaba tan cerca de Nico. A ella le caía muy bien
Nico, pero decidió ignorar las mariposas. Ella ya
tenía suficientes problemas en la vida como para
buscar más con una relación. Él tomó el rollo con
mucho cuidado y lo estudió.

   – Mi padre es de Túnez[2]. Él habla árabe.
    Yo no leo muy bien el árabe pero te
    puedo decir que esto no es el alfabeto
    que usan. No es árabe.

[2]*Túnez - Tunisia (a country in northern Africa)*

Nico miraba el rollo intensamente. No sabía leer el alfabeto misterioso pero lo estudiaba como si fuera algo muy familiar. Después tomó la concha de piedra en la mano izquierda y la miró con la misma intensidad. Adriana notó que Nico tenía una pequeña marca en su palma. Casi parecía un corazón. Adriana estudió la cara de Nico. Era muy guapo. Le gustaba jugar y reírse mucho, pero también era inteligente y parecía muy sensible. Después de examinar la concha de piedra, Nico levantó la cara para mirar a Adriana a los ojos.

– Yo sé dónde he visto esta concha.

# Capítulo 8
## La Casa de las Conchas

*2 de octubre, 10:00*

El día siguiente era jueves. Hugo y Roberta se
quedaron en el internado mientras Nico y Adriana
se escaparon. Los muchachos tendrían que esca-
parse del internado sin que el director los detectara.

Nico llevó a Adriana a la biblioteca que estaba en el centro de Salamanca. Vieron la fachada[1] del edificio. Había muchas conchas de piedra en la fachada. Nico le explicó a Adriana que había un total de 300 conchas de piedra en la fachada. Eran iguales a la concha de piedra que Adriana había encontrado en su caja de joyas, con una diferencia: la concha de piedra de la caja era mucho más pequeña. Adriana le preguntó:

– ¿Vamos a entrar?
– Sí, quizás haya información aquí sobre el alfabeto del rollo.

Pasaron por un patio muy bonito y vieron la puerta de entrada. Cuando entraron, vieron a un muchacho. No leía nada y no parecía trabajar allí. Era muy raro. Era bajo, joven, tenía el pelo negro y los ojos oscuros. Su ropa parecía de otro

[1]*fachada - facade (front of building)*

45

tiempo. Parecía que había salido de la época medieval[2]. Desde el momento en que los muchachos entraron a la biblioteca, el muchacho los empezó a mirar intensamente. Parecía enojado. Adriana y Nico se sentían muy incómodos en su presencia. Nico le dijo en voz baja:

– No le hagas caso[3]. Ignóralo. Es un estudiante universitario.

– ¿Y esa ropa medieval? –le preguntó Adriana.

– Probablemente es un tuno[4]. Los tunos se visten con ropa medieval –explicó Nico.

Empezaron a explorar la biblioteca. Aunque era un edificio muy antiguo era moderno por dentro. No había conchas. Pasaron por muchos libros y computadoras. Todo parecía como una biblioteca normal.

[2]*época medieval - medieval period*

[3]*no le hagas caso - pay no attention to him*

[4]*tuno - a member of a university singing group that dresses in medieval costumes; the tradition originated during 13th century Spain as a way students could earn money or food. Today tunas exist to keep tradition alive.*

Adriana no creía que iban a encontrar nada en la biblioteca. No había conchas pequeñas adentro. Nico le dijo:

> – ¿Quizás podamos buscar información sobre el alfabeto en el rollo de papel? En el quinto piso hay información sobre idiomas.

Subieron al quinto piso. Había ventanas y podían ver toda la ciudad. Era muy bonita. Algunas de las paredes parecían modernas. No parecía un edificio que se hubiera construido en 1493. Pero otras paredes sí eran originales y se podía ver que estaban en un edificio con mucha historia.

En el quinto piso, Nico parecía diferente. No hablaba. Parecía como si estuviera en un trance hipnótico. Nico caminó hacia una de las paredes antiguas. Sus ojos estaban muy abiertos. Adriana pensó que era muy raro. Nico puso las manos en la pared. La pared era de madera[5] y había símbolos tallados[6] en la madera. Había un mapa en la

---

[5]*la pared era de madera - the wall was (of) wood*
[6]*tallados - carved*

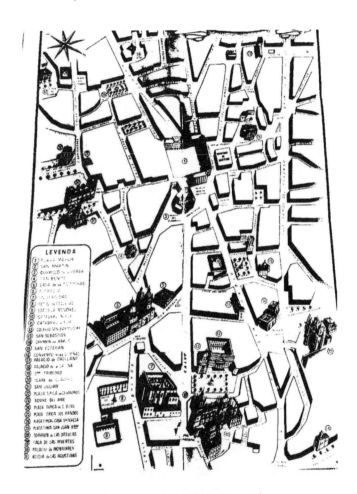

SALAMANCA

pared y parecía antiguo. Nico puso la mano izquierda en el mapa.

– Nico, ¿qué haces? –le preguntó Adriana.

Nico no le respondió. Siguió tocando el mapa y tocando la madera tallada.

– ¡Ay! –dijo Nico de repente–. ¡Me quemó[7]! Adriana se sintió preocupada. Esto no era nada normal.

– ¿Qué dices? ¿Cómo que la pared te quemó?

– No sé, pero mira –Nico murmuró.

Adriana le miró la palma de la mano. Había una marca roja. Parecía que le dolía mucho y se le empezó a formar una ampolla[8].

[7]*me quemó - it burned me*
[8]*ampolla - blister*

Nico quería saber lo que había debajo del mapa. Volvió a su raro estado de trance y dejó de hablar. Él miró por la biblioteca para ver si alguien los miraba y de repente quitó el mapa de la pared.

– Nico, ¿qué haces? No puedes…

Pero ella dejó de hablar cuando vio que debajo del mapa en la madera había la forma de una concha tallada en la pared. *¿La concha era una llave?* Sin decir ni una palabra Adriana sacó la concha de piedra y se la dio a Nico. Nico levantó la concha de piedra hacia la pared lentamente. Miró a Adriana brevemente y entonces puso la concha de piedra dentro de la forma de la concha tallada en la pared de madera.

Adriana se sentía muy nerviosa y no podía respirar cuando de repente la pared empezó a separarse en dos partes. La pared se convirtió en una puerta que se abrió para revelar un cuarto. Nico dejó caer el mapa al suelo, tomó la concha de piedra y agarró el brazo de Adriana. Los dos entraron de prisa en el cuarto. La pared se cerró automáticamente detrás de ellos.

# Capítulo 9
# Zhori

*2 de octubre, 11:00*

El cuarto estaba muy oscuro. Adriana sacó su celular y prendió la linterna. El cuarto parecía muy antiguo. Había un olor fuerte a azufre[1] en el cuarto. Había ventanas, pero alguien las había pintado de negro. Adriana imaginaba que nadie podía ver desde la calle, que había algo raro sobre este cuarto. Parecería un cuarto oscuro y nada más.

[1] azufre - sulphur

– ¿Cómo está tu mano, Nico? –preguntó Adriana, tapándose la nariz[2] para no oler el azufre.

– Mejor. Ya no me duele nada.

Adriana movió la linterna de su celular para ver la mano izquierda de Nico. Parecía que se había curado totalmente. La ampolla había desaparecido por completo. Solo estaba la pequeña marca de siempre en la palma de su mano. Adriana se dio cuenta de que estaba acariciando la mano de Nico y se sintió un poco rara. Le dejó la mano e intentó ocultar[3] su emoción diciendo: *«¡Qué raro!»*.

Los ojos de Adriana se ajustaron a la oscuridad del cuarto. Adriana dejó de pensar en la mano de Nico cuando notó un panel de madera en la pared al otro lado del cuarto. Ella se acercó y vio que estaba tallada con conchas de madera igual que la puerta de entrada a este cuarto secreto. *¿Qué había al otro lado del panel? ¿Había otro cuarto?* De repente desde un rincón oscuro del

[2]*tapándose la nariz - covering her nose*
[3]*ocultar - to hide*

cuarto Adriana y Nico oyeron una voz.

– ¿Qué quieren Uds.?

Apareció un joven. Asustada, Adriana se dio cuenta de que era el mismo muchacho medieval que los observaba cuando entraron en la biblioteca.

– ¿Qué quieren Uds.? –repitió el muchacho raro–. ¿Cómo entraron a este cuarto?

Sus ojos parecían enfurecidos y respiraba como si hubiera estado corriendo. Adriana notó que el olor a azufre era más fuerte ahora que el muchacho estaba con ellos en el cuarto.

Nico no parecía asustado. Como si todo fuera normal, Nico extendió la mano izquierda hacía el joven. Tenía la concha de piedra en la mano. ¿Por qué confiaba[4] Nico en este muchacho loco?

– Esta concha de piedra es la llave que nos dejó entrar –explicó Nico, con voz robotizada.

Los ojos del joven se suavizaron. Agarró la mano de Nico. Nico tenía los ojos muy abiertos otra vez como si estuviera en un trance hipnótico.

[4]*confiaba - was he trusting*

¿Por qué le afectaba así este cuarto? Adriana pensaba a gritos. Ella no podía creer que esto realmente estuviera pasando. Era para ella una situación completamente surrealista.

El muchacho tenía la mano de Nico y la movió más cerca de su cara, para mirarla. No miraba la concha de piedra. Miraba la mano de Nico. Le tocó la marca en la palma de la mano. Entonces le dijo:

> – Tú…tienes la marca. Zhori. Tienes el don[5]. La concha de piedra no es la llave. Tú eres la llave.

Adriana agarró el otro brazo de Nico y le dijo:

> – Nico, estoy muy asustada. Quiero que nos vayamos ya, por favor.

Nico no le hizo caso a Adriana. Se estaba concentrando completamente en el muchacho. Le dio el rollo de papel al muchacho.

> – Nico, ¿Qué haces? ¡No le des el rollo!

El joven miró a Adriana con disgusto. Otra vez ella vio que sus ojos estaban enfurecidos. Ella estaba muy asustada y dejó de hablar. El joven

[5]*don - gift; talent*

55

volvió a ver el rollo de papel y le dijo a Nico:

– Tú ya tienes mucho poder. Eres zhori.
Esto va a ayudarte a encontrar la puerta.
Con la magia de este rollo vas a poder
quitar al genio de la puerta.

– ¿Al genio? –respondió Adriana–. ¿Como
el genio de la lámpara? ¿Tres deseos y
todo eso? ¡Estás loco! Nico, está loco.
Tenemos que irnos de aquí.

Ni Nico ni el joven medieval le hicieron caso
a Adriana. El muchacho siguió:

– Tienes que recitar este poema en la puerta cuando la encuentres. Cuando los ancianos dejaron su tesoro, asignaron a un genio para guardarlo. La magia está en el poema. El genio no puede resistir la magia.

– ¿Qué dice el rollo? No entiendo este alfabeto –le preguntó Nico.

El muchacho medieval bajó la mirada, le respondió y su voz se oyó muy siniestra cuando recitó:

*El demonio era el profesor,*
*los alumnos querían aprender.*
*Los pobres que no podían pagar,*
*pagaron con su ser.*
*Sal de mi camino, genio,*
*tengo más poder.*
*Quítate de en medio, genio.*
*Ya vas a desaparecer.*

En ese momento, la pared se abrió y la luz de la biblioteca entró en el cuarto. Nico volvió para hablar con el joven, pero no lo vio. Había desaparecido.

# Capítulo 10
# La leyenda

*2 de octubre, 11:30*

Adriana y Nico salieron de la biblioteca y caminaron al internado. No hablaron nada. Nico parecía exhausto o posiblemente de mal humor. Fue un momento muy incómodo. Adriana quería hablarle pero Nico estaba muy serio; pensativo.

Nico se acercó y le tocó el brazo a Adriana. Otra vez volvieron las mariposas a su estómago. Nico dijo:

– Tenemos que encontrar la puerta. El muchacho habló de una puerta. Tenemos que encontrarla.

Adriana se sintió muy entusiasmada sobre la idea de buscar esta puerta con Nico. A ella Nico le caía muy bien y quería una razón para pasar más tiempo con él. Tenía tantas preguntas. Quería resolver este misterio. Quería saber por qué había una concha de piedra que parecía una llave en su caja de joyas. Quería saber por qué tenía un antiguo rollo de papel con un poema mágico escrito en un alfabeto raro. Quería saber por qué una pared de madera le había quemado a Nico y por qué Nico pareció entrar en un trance hipnótico. Quería saber por qué la ampolla en la mano de Nico se había curado tan rápidamente.

Llegaron al internado. Como se habían escapado del internado no querían ver a ningún profesor cuando entraran. Nico mandó un mensaje de texto a su amigo Hugo.

> Ya volvemos. Estamos en la calle de enfrente del internado. Dime cuando debemos entrar.

> ¡No hay moros en la costa![1]

Entraron y fueron a la biblioteca del internado para usar una computadora. Adriana abrió Google y buscó *'demonio + profesor + alumnos + Salamanca'*. Adriana leyó:

En el centro de Salamanca existen muchos de los más antiguos secretos. Hay muchas historias contadas durante siglos de renovaciones y demoliciones de conventos, iglesias, monasterios y casas en la ciudad. Aparentemente hay un sistema de pasadizos[2]

---

[1]*No hay moros en la costa. - The coast is clear.*
[2]*pasadizos - passageways*

debajo de casi toda la ciudad y hay entradas en varios sótanos[3]. Nadie sabe exactamente cómo entrar, pero las leyendas abundan.

Una de las leyendas más populares es la de Enrique de Aragón, un muchacho noble. Enrique y cinco otros alumnos universitarios se dedicaron a estudiar la magia negra con un profesor demonio llamado Mefistófeles. El demonio y sus 6 alumnos se reunían en un sitio secreto debajo de la ciudad. Al final del

[3]*sótanos - basements*

curso había un sorteo[4] y solo uno de los alumnos tenía que pagar el curso. Si el alumno no podía pagar, el profesor demonio lo encerraba[5] para siempre.

Como resultado del sorteo, Enrique tenía que pagar. Aunque Enrique, que era muy rebelde, tenía suficiente dinero, se negó[6] a pagar. Como prometió, el profesor demonio encerró a Enrique en una sepultura subterránea. Enrique era muy inteligente y consiguió escapar. Pero cuando escapó, el demonio Mefistófeles atrapó su sombra[7] dentro del pasadizo subterráneo. La leyenda dice que desde ese día, Enrique de Aragón caminó por las calles sin su sombra.

Hay entradas debajo de la Casa de las Conchas, la universidad, el monasterio, el convento y varias iglesias.

La reina Isabel no quería que nadie prac-

[4]*sorteo - lottery; drawing*
[5]*encerraba - he used to lock him up*
[6]*se negó - he refused*
[7]*sombra - shadow*

ticara más la magia negra y ordenó cerrar la entrada a los pasadizos en el año 1500. Cerraron los pasadizos de Salamanca, donde los alumnos estudiaban con Mefistófeles, pero como no sabían dónde estaban todas las entradas a los pasadizos, quedaron algunas abiertas.

Nico miró a Adriana y sonriendo, le dijo:

– ¿Magia negra? ¿Estás preparada para una aventura?

Adriana lo miró y tenía mil preguntas, pero solo le dijo:

– Sí, pero antes de salir yo quiero esconder el rollo de papel y la concha de piedra. No quiero que nadie más los tenga. Es posible que vayamos a necesitarlos otro día.

Adriana rápidamente se fue a su dormitorio. Tomó la caja de joyas. La miró y pensó en su abuela. La echaba mucho de menos. Recordó cómo abrir el

63

compartimento secreto y puso los cajones en la posición de escaleras. Se abrió y ella metió las cosas adentro. Devolvió la caja a su sitio y se fue para buscar a Nico.

    – ¡Vamos! ¿Sabes a dónde ir?

    – Confía en mí –le dijo Nico–. Creo que sé cómo llegar. No te lo puedo explicar, pero simplemente sé cómo llegar, aunque son lugares desconocidos. ¡Vamos a encontrar la puerta y quizás un tesoro!

Miraron por el internado y no vieron a los profesores. Salieron de prisa y en un momento estuvieron una vez más en la calle. Adriana estaba muy sorprendida cuando se encontró con su tío Lucas.

# Capítulo 11
## Poderes

foto: Samu

*2 de octubre, 13:30*

–¡Tío!

Adriana estaba muy emocionada al ver a su tío Lucas y le presentó a Nico a su tío.

– Mucho gusto, Dr. Montero.

– El placer es mío, Nico.

– Tío Lucas, ¿tú sabes que hay pasadizos debajo de la ciudad?

– Sí, pero están todos cerrados ahora, ¿no?

– Ah...pues...Nico y yo hemos encontrado nueva información. Hay algunas puertas abiertas. ¿Crees que te gustaría acompañarnos?...Eres arqueólogo. Es tu profesión.

Adriana le contó al tío Lucas todo lo que había pasado con ellos. Le dijo sobre la concha de piedra y el rollo de papel en la caja de joyas, su visita a la biblioteca, el panel de madera que abrió el cuarto secreto y el joven raro que apareció en el cuarto secreto y que olía a azufre.

El tío Lucas les explicó todo lo que había pasado durante las dos semanas anteriores. Les contó de los hombres que lo perseguían, lo que pasó en su piso en Marruecos, y les contó cómo metió el rollo de papel y la concha de piedra dentro de la caja de joyas de la abuela de Adriana.

– Nunca pensé que hubiera una conexión entre la concha de piedra, el rollo de papel y Salamanca –dijo Lucas.

Lucas se sintió un poco nervioso. No quería meter a Adriana en problemas. Pero tampoco creía que los hombres lo hubieran seguido a Salamanca. Dos semanas habían pasado sin problemas.

Adriana y su tío hablaban animadamente y casi no se dieron cuenta de que Nico no les hacía caso. Nico los guiaba por las calles.

– ¿Adónde vamos, Nico? –le preguntó
Lucas.

Nico no le respondió, parecía intensamente concentrado. Adriana reconoció la mirada en los ojos de Nico... El trance empezaba. Adriana le dijo a su tío:

– Él sabrá adónde
ir. Confía en él.

Finalmente llegaron
a una iglesia. Adriana
vio el nombre de la igle-
sia en la pared: 'Parro-
quia de San Benito'.

Nico entró a la igle-
sia y caminó hacia la
izquierda. La puerta
enorme de la iglesia
estaba abierta, pero

Nico la cerró para ver lo que había detrás de la puerta. Detrás de la puerta, se reveló un panel de madera tallada en medio de las piedras de la pared de la iglesia. Había una puerta pequeña en el panel. Nico tocó la puerta con la mano izquierda.

– ¡Ay! ¡Me quemó!

Nico extendió la mano hacia Adriana. Ella podía ver que la pequeña marca, el casi corazón, en la palma de Nico estaba muy roja.

68

– ¡El poema! –recordó Adriana–. Te
quemó porque hay un genio que no nos
quiere dejar pasar. ¡Recita el poema!

Adriana había escrito el poema en su celular
cuando el muchacho medieval lo había interpretado. Ella encontró el poema en su celular. Nico
miró el poema y lo recitó. El tío Lucas miraba la
situación incrédulo. No sabía qué decir, ni cómo
reaccionar.

La pequeña puerta se abrió. Adriana agarró la
mano izquierda de Nico y la miró.

– ¡Nico! Tu mano parece normal. ¿Te
duele?

Ella podía ver la pequeña marca de un casi
corazón. No había una quemadura y no se veía
roja.

– No, está bien.

– No entiendo lo que está pasando. El
muchacho raro de la biblioteca…¿él dijo
que eras un *zorro*? ¿O algo así? ¿Qué
dijo? –preguntó Adriana.

– Dijo que yo soy *zhori*. Estoy confundido
también. Busqué en Internet mientras tú

buscabas la información sobre los pasadizos. No encontré mucho. Pero parece
que en los países árabes algunas personas creen que existen niños que tienen
un don. Los niños que tienen ciertas
características físicas, como por ejemplo
la marca que tengo en la mano, pueden
guiar a los buscadores de tesoros. A mí
me parece una superstición y nada más,
pero tengo que admitir que todo lo que
nos ha pasado es muy muy raro.

Lucas había estado escuchando intensamente
e interrumpió:

— En Marruecos mucha gente cree que los
zhori realmente existen. Hay niños que
tienen marcas en la mano como Nico, o
que tienen ojos raros o una lengua separada. Los buscadores de tesoros roban a
estos niños de sus familias porque creen
que los pueden usar para encontrar tesoros. Muchas veces estos niños no regresan a casa y sus familias nunca vuelven a
saber de ellos. Yo siempre pensé que

eran rumores o superstición, pero todo esto es muy raro.

Adriana continuó:

– Sí, es cierto. Lo que pasa con la quemadura no es imaginación de Nico. Algo realmente nos está pasando. No lo puedo explicar, pero no es solo una superstición.

– ¿Debemos entrar? –preguntó Nico.

Adriana miró hacía su tío y él indicó que sí debían entrar. No era fácil entrar porque la puerta era muy pequeña. Al entrar, había unas escaleras de piedra y después llegaron a un pasadizo grande. Oyeron que la puerta pequeña se cerraba automáticamente.

## Capítulo 12
## Los pasadizos

*2 de octubre, 14:30*

No oyeron nada. No había luz. Los tres sacaron sus celulares y prendieron las linternas. Caminaron por el pasadizo, guiados por Nico. Adriana no entendía cómo él sabía adónde iba.

Nico fue hacia la derecha y empezó a correr. Adriana y el tío Lucas se miraron y lo siguieron, corriendo también. Nico corrió por dos o tres minutos y entonces estuvo enfrente de un panel de madera tallada. Parecía similar a la pequeña puerta en la iglesia, pero con una diferencia: había la imagen de un hombre tallada en la madera.

– Es el genio  –dijo Nico.

Nico ya sabía que no debía tocar el panel con la mano. Si lo tocara, le quemaría la mano. Adriana tomó la mano izquierda de Nico y observó que el casi corazón estaba más grande y pulsaba como un corazón de verdad.

Adriana ya sabía que Nico tendría que recitar el poema para quitar al genio. Ella empezó a buscar el poema que había escrito en su celular, pero no fue necesario. Nico empezó a recitar el poema de memoria:

*El demonio era el profesor,*
*los alumnos querían aprender.*
*Los pobres que no podían pagar,*
*pagaron con su ser.*
*Sal de mi camino, genio,*
*tengo más poder.*
*Quítate de en medio, genio.*
*Ya vas a desaparecer.*

Al terminar el poema, Adriana vio una figura grande y oscura en un rincón del pasadizo. Ella apuntó con la linterna de su celular hacia el rincón, pero no había nada. Ella imaginaba que la figura era el genio escapando y sintió un escalofrío.

De repente, el suelo y las paredes empezaron a temblar violentamente. El tío Lucas agarró la mano de Adriana y le gritó con pánico.

– ¡Tenemos que salir de aquí!

Pero tan rápido como empezó el temblor, todo se volvió a tranquilizar.

El panel de madera con el genio tallado se abrió, revelando otro pasadizo. Este pasadizo era más elegante. Tenía piedras talladas, arcos y columnas intrincadas. El tío Lucas parecía fascinado y comentó:

– Este pasadizo es de estilo mudéjar. Es árabe. Normalmente no se ve piedra tallada tan intrincadamente en esta parte de España. Es muy raro.

Siguieron caminando. Ahora Nico no parecía tan seguro.

– Este pasadizo se siente diferente  –dijo
Nico–. Se nota oscuro. Se nota eléctrico.
No me gusta la energía aquí.

En la distancia, Adriana pensó que había visto
algo moviéndose. Vio una figura oscura. Parecía
un hombre. Se movía como si estuviera caminando y después se deslizaba[1] en el suelo como si
fuera una serpiente.

– ¿Ven esto?  –les dijo al tío Lucas y a
Nico–.  Vi algo. Era como una figura
oscura que se movía.

[1]se deslizaba - (it) was sliding

– ¿Quién anda allí? –gritó el tío Lucas.

Su voz era fuerte pero Adriana detectó que su voz temblaba un poco. Adriana se sintió asustada. No se sintió asustada por la figura que había visto sino por la reacción de su tío.

Nadie hablaba. Todos escuchaban sin respirar. Adriana pensó que todos iban a poder oír su corazón porque palpitaba fuertemente.

– Ya no quiero estar aquí –dijo Nico nervioso–. Quiero volver. No me gusta cómo me siento en este sitio. Me parece que tiene una energía muy rara; muy negativa.

Los tres empezaron a caminar. Iban a volver a la puerta pequeña de la iglesia de San Benito. Caminaron una gran distancia pero no vieron el panel de madera tallado con la imagen del genio.

– Hemos caminado mucho –dijo Adriana.

– Deberíamos llegar pronto, ¿no?

– No sé –respondió el tío Lucas–. Me siento un poco desorientado.

Entonces llegaron a otro panel de madera tallada. ¿Era otra puerta?...

– ¿Debo recitar el poema? –preguntó
   Nico.

Nico no parecía muy seguro de sí mismo.
Recitó el poema. Adriana notó que la voz de Nico
temblaba. El panel no se abrió.

– Recítalo otra vez –sugirió Adriana.

Nico recitó el poema otra vez.

– ¿Quizás es solo una decoración?

El tío Lucas dijo:

– Quítense[2], muchachos. Tengo una idea.

Adriana sabía que su tío era un hombre muy
inteligente. Quedó muy sorprendida cuando él
empezó a golpear la puerta con las manos y los
pies. Como la madera era muy vieja, Lucas pudo
destruirla fácilmente.

Adriana apuntó con la luz de la linterna de su
celular hacia el otro lado del panel roto. ¡Vio unas
escaleras!

Miraron para arriba. Había un panel tallado
arriba de las escaleras. Una puerta. ¿Pero adónde
irían a parar[3] si pasaran por esa puerta?

[2]*quítense - move out of the way*
[3]*parar - to end up; to be standing*

# Capítulo 13
## Un momento tenso

*2 de octubre, 17:30*

¿Qué habrá al otro lado de esta puerta?...

– Un momento  –dijo Adriana–, ¿y si hay algo al otro lado de esta puerta que no queremos ver? ¿Podría ser peligroso? No sabemos adónde vamos a ir a parar.

– Tienes razón  –dijo el tío Lucas–.  Voy a

investigar primero. Uds. esperen aquí.

Nico y Adriana esperaron abajo mientras el tío Lucas subía las escaleras. Adriana podía ver que su tío estaba agitado.

> – Adriana... –llamó su tío–. Si hay algo terrible en este lado, corran. Corran, busquen la puerta de la iglesia y pidan ayuda. No quiero que nada malo les pase aquí.
>
> – ¡Pero tío! –exclamó Adriana.
>
> – Pero nada. Hazme caso[1].

Y con eso el tío Lucas tocó el panel, abrió la puerta y Adriana pudo sentir el aire del otro lado que entraba en el pasadizo. Pareció una eternidad, pero cuando su tío regresó estaba sonriendo.

Adriana sintió mucho alivio. Le dio un abrazo fuerte a Nico. Ella notó que él la abrazó igual de fuerte.

Nico y Adriana subieron las escaleras rápidamente. Adriana todavía no sabía qué les esperaba al otro lado, pero la sonrisa de su

[1]*Hazme caso. - Do as I say; pay attention to me.*

tío reveló que no era nada malo.

– ¿Qué hay arriba? –preguntó Adriana.

– Uds. no se lo van a creer. ¡Es el internado!

Antes de pasar por la pequeña puerta al internado, Adriana miró para atrás. Sintió un escalofrío por un momento, esperando ver la figura oscura detrás de ellos. Imaginaba que el genio quería volver a cerrar la puerta con su magia después de que ellos salieran. Imaginaba la cara fea de un genio terrible, atrapado en los pasadizos durante toda la eternidad por el dueño de un tesoro.

También pensaba en el demonio Mefistófeles. ¿Él todavía estaba aquí abajo? ¿O los hombres que habían destruído el piso de su abuela estaban aquí, buscando a su tío? El solo pensarlo la asustó mucho. ¿Había un tesoro en los pasadizos? ¿Por qué Nico tenía ese don de encontrar estas puertas? ¿Por qué sintió tan diferente el último pasadizo?

– ¡Adriana! –exclamó el tío Lucas–.

¿Vienes con nosotros o te quedas aquí?

– Perdón tío. Ya voy.

Entraron en el internado por el otro lado de la

pequeña puerta. Estaban en un dormitorio. No había nadie. Parecía el dormitorio de un profesor porque la cama era más grande. No parecía que alguien hubiera ocupado el dormitorio en mucho tiempo. Era muy oscuro y no estaban las cosas personales que normalmente se verían en un dormitorio. Nico caminó hacia la ventana y abrió las cortinas. Estaba muy oscuro.

– ¿Qué hora es? –preguntó Nico.

– Solo son las cinco de la tarde –respondió Lucas.

Adriana caminó hacia la ventana y la tocó.

– Está pintada de negro, como el cuarto secreto de la biblioteca.

– Vamos a salir de aquí –dijo el tío Lucas–. Hemos tenido suficientes aventuras por un día. Tengo que conseguir algunas cosas para mi nuevo piso aquí en Salamanca. Mi trabajo empieza en dos días y Uds. tienen que estudiar, ¿no?

No había una puerta normal para salir del dormitorio. Como siempre, había un pequeño panel de madera tallada. Salieron del dormitorio, y al otro lado del panel no se podía detectar que había un dormitorio secreto. Adriana y Nico pudieron reconocer que estaban muy cerca de los dormitorios de los alumnos así que acompañaron al tío Lucas a la entrada principal.

> – Tío, qué bueno de que estés aquí. –dijo Adriana–. ¿Quieres volver a entrar en los pasadizos otro día?
>
> – Claro que sí. Como arqueólogo creo que es mi responsabilidad explorar estos pasadizos más. Si existe un tesoro abajo, ¡lo vamos a encontrar juntos! Pero por ahora, prométanme que no van a volver a entrar Uds. en los pasadizos solos.
>
> – Te lo prometo, tío. –dijo Adriana.
>
> – Tengo que prepararme para trabajar. Tengo que pagar el internado para ti y si no trabajo…

El tío Lucas le dirigió una gran sonrisa a Adriana y la abrazó. Adriana se sintió mucho mejor ahora que su tío estaba en Salamanca.

# Capítulo 14
## Un paseo[1] por la ciudad

*2 de octubre, 18:00*

Nico acompañó a Adriana a su dormitorio.

– Adriana –empezó Nico–, quiero descansar[2] de resolver misterios y buscar tesoros. ¿Qué tal si buscamos a Roberta y Hugo y nos vamos a una terraza a tomar algo, como adolescentes normales? Quiero comerme unos huevos rotos y

[1] *un paseo - a walk; a stroll*
[2] *descansar - to rest; to take a break*

croquetas[3] de jamón. Tengo hambre.

– Eso me gustaría mucho Nico. Voy a agarrar mi suéter y nos vamos.

Adriana estaba muy contenta en este momento, pero cuando abrió la puerta todos los buenos sentimientos desaparecieron.

Ella miró su dormitorio. Había un caos total. Destrucción total. Todas sus posesiones estaban en el suelo. Hasta habían quitado las fotos de la pared. En medio de la destrucción Adriana vio la preciosa caja de joyas de su abuela. Caminó hacia la caja y pudo ver que el compartimento secreto no se había abierto. Los hombres no se habían dado cuenta de que habían tenido la concha de piedra y el rollo de papel debajo de sus narices. Adriana abrió la caja y sintió alivio cuando vio la concha de piedra y el rollo de papel. Entonces, miró a Nico y empezó a llorar.

– Nico, no puedo más. Esto es de locos. Tienen que ser los hombres que perseguían a mi tío. Tenemos que llamarlo. ¡Puede estar en peligro!

[3]*croquetas - croquettes (fritters - a typical* tapa*)*

Adriana escuchó un 'clic' y en ese instante supo que sus problemas apenas[4] estaban empezando. Dos hombres salieron del área detrás de la puerta y apuntaron sus pistolas hacia Nico y Adriana. Uno de ellos era más alto que el otro, pero los dos tenían ojos crueles.

– Uds. van a llevarnos a un tesoro. ¿Cuál de Uds. es zhori? –dijo el hombre alto

[4]apenas - hardly, barely

cruelmente.

– ¡No vamos a ayudarles con nada! –dijo Adriana, su voz temblando de enojo y ansiedad.

– ¡Quiero ver sus manos! Las palmas –el hombre alto gritó y movió la pistola.

Adriana y Nico se miraron y sabían que no tenían alternativa. Levantaron sus palmas para la inspección. Los hombres vieron el pequeño casi corazón en la palma de Nico.

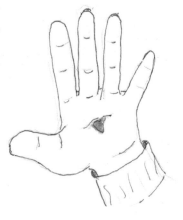

– Tú nos vas a llevar al tesoro, y si no, te vamos a matar –dijo el hombre más bajo.

– Bueno, vamos, les ayudo –les dijo Nico abrazando a Adriana–. No te preocupes Adriana. Voy a volver a verte.

El hombre más bajo les miró y dijo:

– Todo esto es muy bonito, pero no es

necesario. Ella va también. Si tú causas problemas, ella muere primero. Vamos, en silencio.

Parecía que el hombre bajo era el líder.

– Y una cosa más –dijo el hombre bajo–.

Dame la piedra y este rollito de papel.

Adriana les dio los artefactos preciosos.

Nico necesitaba tiempo para pensar, y también quería buscar una oportunidad para escapar. Sabía que la manera más directa de entrar en los pasadizos era por el dormitorio secreto en el internado, pero quería caminar por la ciudad porque les daría la oportunidad de buscar a un policía. No quería entrar por la iglesia de San Benito. Estos pasadizos no parecían tener un tesoro. Parecían oscuros, negativos y malévolos. Nico decidió que debían volver a la biblioteca. Según[5] lo que había leído en el Internet, había una entrada a los pasadizos allí.

Empezaron a caminar por el internado. Tendrían que pasar por la pared donde estaba la puerta secreta al dormitorio secreto. Cuando pasa-

[5]*según - according to*

ron cerca de la puerta, la mano de Nico empezó a pulsar. Enfrente de la puerta, la mano izquierda le dolía mucho y se le notaba en la cara de Nico. Adriana pensó: *«Parece que la compulsión de Nico es cada vez más fuerte…»* El líder, el hombre más bajo, observó a Nico y le dijo:

– ¿Qué te pasa? No quiero nada de juegos. ¡Date prisa! Y cuando pasemos por la entrada principal, no vas a decirle nada a nadie o tu novia muere.

Aunque se sentía aterrorizada, a una pequeña parte de Adriana le gustaba que el hombre pensara que ella era la novia de Nico.

Pasaron por la puerta y salieron a la calle. No vieron a ningún policía. Realmente no había muchas personas en la calle. Hacía calor y la gente estaba o en sus oficinas o en sus casas.

Nico empezaba a sentirse mejor ya que se habían distanciado de la puerta que daba a los pasadizos del internado.

Mientras caminaban por la calle, Adriana sintió un intenso pánico. Quería llorar, gritar o correr. Tenía que tranquilizarse. No iba a poder ayudar a

Nico si estaba tan nerviosa. Decidió intentar pensar en otras cosas. Intentó imaginar que no estaba con dos hombres peligrosos con pistolas. Se imaginaba que paseaba tranquilamente por las calles como una turista de vacaciones. De repente vio a un muchacho al otro lado de la calle. Estaba sentado debajo de un árbol en la sombra. ¡Era el joven muchacho de la biblioteca! Llevaba puesta su ropa medieval. Si ella y Nico pudieran llamar su atención, quizás les pudiera ayudar.

– Nico, mira –dijo Adriana–. Es un tuno.

Quizás nos cante una canción.

## Capítulo 15
## Una canción y un poema

*2 de octubre, 19:00*

– ¡Silencio! –dijo el hombre más alto.

Adriana no le hizo caso. Ella no creía que los hombres malos los fueran a matar aquí en plena calle[1]. Ella se sentía valiente.

– Nico, ¿tú sabes alguna canción de La

[1] *en plena calle - right in the street*

Tuna?

Nico reconoció al joven de la biblioteca también y entendió lo que quería Adriana.

– Sí, esta es mi favorita, se llama 'Mala persona'.

Cantó fuertemente para atraer la atención del muchacho.

*En mi celda oscura*
*de esta fría prisión*
*estoy cumpliendo condena*[2]
*estoy sufriendo una pena*[3]
*y no tengo mi libertad...*

Cuando oyó la canción, el hombre más bajo dejó de caminar y miró a Nico con ojos enfurecidos. Agarró a Nico fuertemente y le puso la pistola contra el estómago. No había mucha gente en la calle y nadie parecía alarmado con la situación. Con voz muy baja pero muy siniestra, el hombre le dijo:

– Un verso más y será el último verso que escuche tu novia. Ahora, sigue caminando.

[2]*condena - prison sentence*
[3]*pena - pain; suffering*

Siguieron caminando sin decir nada más. Pero cuando Adriana miró hacia atrás, notó que el joven medieval los estaba siguiendo.

Llegaron a la biblioteca y subieron al quinto piso. Nico los guió al panel e indicó la concha tallada. El hombre bajo puso la concha de piedra dentro de la forma de concha tallada en la madera. El hombre intentó usar la concha de piedra como una llave, pero la puerta no se abrió. Nico recitó el poema y la puerta se abrió.

– Uds. entren primero –ordenó el hombre alto.

Adriana miró en la biblioteca. No había nadie. Pensó por un momento que posiblemente iba avanzando hacia su muerte. En la calle ella se sentía valiente, pero ahora tenía ganas de llorar.

Nico empezó a ir hacia la pared tallada al otro lado del cuarto secreto. No hablaba y sus ojos ya parecían más abiertos. Adriana quería estar al lado de Nico aunque su estado de trance le asustaba un poco.

Nico fue hacia la pared de madera y recitó otra vez el poema. No habían entrado por este

panel antes pero Nico sabía que era una puerta. Los dos hombres miraron a Nico pero no dijeron nada. La pared se abrió y reveló unas escaleras de piedra. Era una escalera de caracol[4]. Nico y Adriana se bajaron por las escaleras y entraron en un pasadizo subterráneo. Los dos hombres se bajaron detrás de ellos, siempre con las pistolas apuntadas hacía Nico y Adriana.

Empezaron a caminar. Otra vez Adriana creyó ver la figura oscura. Pero cada vez que apuntaba con la linterna de su celular la figura desaparecía.

[4]*escalera de caracol - spiral staircase*

93

Después de caminar lo que pareció una hora, llegaron a otro panel de madera. Adriana no sabía si era una puerta que ella había visto antes. Todos los paneles empezaban a verse iguales.

> – Vamos, muchachos, que es para
> hoy... –el hombre alto les dijo impacien-
> temente.

Una vez más, Nico recitó el poema y la puerta se abrió. Adriana reconoció este pasadizo. Lo reconoció por la arquitectura mudéjar y por la mala energía que parecía vibrar en las paredes. Se adentraron[5] más en el pasadizo.

La energía en el pasadizo era tan eléctrica que Adriana sentía que los pelos se le ponían de punta en los brazos. Nico caminaba delante de Adriana. Él parecía muy concentrado. No miraba a Adriana.

Después de varios minutos de caminar, llegaron a una puerta doble de madera. Parecía una puerta normal. La madera no estaba tallada. La puerta era muy simple. Nico caminó hacia la puerta y se miró la mano izquierda. La marca parecía normal. No se sentía guiado en ninguna

---

[5]*se adentraron - they went ahead/forward*

dirección. No sabía qué debía hacer. Si les dijera a los hombres que no sabía a donde ir, no le creerían.

– No creo que haya nada aquí –dijo Nico.

– No te creo –respondió el hombre bajo–. ¡Abre la puerta!

Con mucho cuidado, Nico acercó las manos hacia la puerta. La puerta no lo quemó. Al contrario, la puerta le dio una sensación muy fría. Adriana también sintió un escalofrío. Nico y Adriana se miraron y los dos se sintieron muy asustados.

– ¡Vamos, muchacho! ¿Vas a abrirla o no?

Nico decidió que debía abrir la puerta. Tocó la puerta y se abrió casi automáticamente. Adriana se preguntó porque la puerta no había quemado a Nico.

Al otro lado de la puerta había un cuarto. Nico apuntó con la luz de la linterna de su celular hacia varios puntos del cuarto. Adriana y los dos hombres también entraron en el cuarto. De repente, hubo mucha luz en el cuarto. Había antorchas en las paredes que se prendieron automáticamente. Nico vio que el cuarto tenía forma circular. Había otras dos puertas dobles de madera en el cuarto. A Nico no le gustó nada este cuarto. Tenía un mal presentimiento[6].

Nadie dijo nada. Adriana podía ver las sombras en las paredes. Con el fuego de las antorchas las sombras parecían bailar.

Silenciosamente Adriana contó las sombras...uno, dos, tres, cuatro...¿¿¡¡CINCO!!??

[6]*presentimiento - feeling; sense; premonition*

# Capítulo 16
## La sepultura

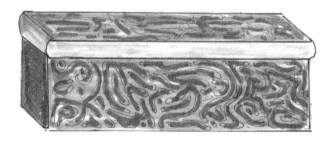

*2 de octubre, 20:00*

– ¿Ven esta sombra? –dijo Adriana asustada–. Hay cuatro de nosotros pero veo cinco sombras.

Todos miraron a Adriana y miraron las sombras. No había nadie con ellos en el cuarto.

– ¡Abre estas puertas, muchacho! –ordenó el hombre bajo.

Volvió a mirar a Adriana y continuó:

– Y tú, calladita te ves más bonita[1]. No quiero oír tus tonterías.

Nico fue hacia una de las puertas. Tocó la puerta y se abrió muy fácilmente. Había un cuarto más grande. Había antorchas en las paredes de este cuarto que también se prendieron automáticamente. En este cuarto había sillas, mesas y muchos libros. Era como una escuela. No había nadie y definitivamente no había un tesoro.

– Aquí no hay nada –dijo el hombre alto.

– ¡Abre la otra puerta! –ordenó el hombre bajo.

Nico y Adriana salieron de la 'escuela' y se acercaron a la otra puerta. Adriana quería estar cerca de Nico. Se sentía protegida con Nico y teniendo un poco de distancia entre ella y los hombres malos.

Nico fue a la puerta y tocó la puerta doble con las manos. Esperaba que la puerta se abriera fácilmente, como las otras dos. Pero esta vez, gritó

---

[1]*calladita te ves más bonita - quiet, you look prettier (you look prettier when you're quiet.)*

de dolor:

— ¡Ay! ¡Esta puerta me quemó!

— ¡Abre la puerta! –gritó el hombre bajo, cuya[2] paciencia se acababa.

Nico no respondió. El dolor era inmenso.

— Tiene que haber un genio poderoso guardando esta puerta –les informó Adriana–.

–Nico, tienes que recitar el poema, ¡por favor!

Nico parecía que no podía hablar. Se cayó al suelo. Estaba inconsciente.

–¡Inútil! –gritó el hombre alto.

Parecía muy enojado y apuntó con la pistola hacia Nico.

— ¡Espera! –gritó Adriana–. ¡Yo puedo abrir la puerta!

Adriana recitó de memoria:

> *El demonio era el profesor,*
> *los alumnos querían aprender.*
> *Los pobres que no podían pagar,*
> *pagaron con su ser.*

[2]*cuya - whose*

> *Sal de mi camino, genio,*
> *tengo más poder.*
> *Quítate de en medio, genio.*
> *Ya vas a desaparecer.*

Las paredes empezaron a temblar. Las sombras bailaban, haciéndose más grandes. La puerta doble empezó a vibrar y se abrió lentamente y con mucho esfuerzo[3]. Adriana miró a Nico. El pobre muchacho seguía inconsciente en el suelo. Adriana podía ver la luz de las antorchas en el

[3]esfuerzo - effort

100

cuarto detrás de la puerta doble y que el aire que salía del cuarto era repugnante. Había un fuerte olor a azufre. Adriana quería vomitar y se tapó la nariz.

En el centro del cuarto, había una caja grande. Parecía una tumba de piedra delicadamente tallada. En el suelo Adriana podía ver muchas monedas. Parecían monedas antiguas, de oro. *¿Esto era el tesoro? Por qué había monedas en el suelo? ¿Quién estaba dentro de la sepultura?*

Los dos hombres dejaron a Adriana con Nico y entraron. Empezaron a agarrar las monedas. Se reían y estaban muy contentos con el tesoro que

habían encontrado con la ayuda de Nico y Adriana.

Adriana quería salir mientras los hombres estaban distraídos con las monedas, pero Nico seguía inconsciente. Ella no lo podía dejar así.

De repente, el tío Lucas entró en el cuarto donde estaban Nico y Adriana y dijo:

> – ¡Adriana! Estaba muy preocupado. Fui a tu dormitorio en el internado y no estabas. Todo estaba destrozado. Pensé que te había perdido. Pero vi que la caja de joyas estaba abierta y que la concha de piedra y el rollo no estaban adentro. Sabía que estabas aquí en los pasadizos.

Los dos hombres dejaron de agarrar las monedas y fueron a la entrada del cuarto con la sepultura. Miraron a Lucas, a Adriana y a Nico inconsciente en el suelo. El hombre bajo se rió y dijo cruel y sarcásticamente:

> – Qué foto más bonita. Una reunión familiar. Pronto va a ser una tumba familiar.

Lucas reconoció a los hombres de Marruecos.

– ¿Qué hacen Uds. aquí con estos muchachos? ¿Qué le han hecho a Nico? –preguntó Lucas.

– No importa. Todos van a estar muertos muy pronto. Tú vas a ver a tu amigo Youssef.

– ¿Uds. mataron a Youssef?

– Ese niño rico no fue fácil de eliminar. Sabía correr y nadar muy bien. Pero desafortunadamente no nadó más rápido que las balas[4]. ¡Ja ja ja!

En ese momento todo el cuarto empezó a vibrar. Llegó un olor fuerte a azufre. Las piedras de las paredes temblaron. De repente hubo un temblor violento y la puerta doble del cuarto con la sepultura se cerró violentamente, encerrando a los dos hombres en el cuarto con la sepultura. Lucas y Adriana oyeron gritos de dolor y terror en el

[4]balas - bullets

cuarto de la sepultura donde los hombres estaban atrapados. Después hubo un silencio total.

Nico empezó a moverse. Levantó la cabeza y murmuró: *«¿Qué pasó?»*. Se levantó y fue hacia la puerta doble. Extendió las manos hacia la puerta con mucho cuidado y no lo quemó. La puerta se abrió automáticamente.

Dentro del cuarto no quedaban evidencias de los raros eventos que habían oído momentos antes. Nico vio la sepultura...las monedas en el suelo...y nada más. El cuarto parecía intacto pero no había evidencia de los hombres que robaban las monedas. Adriana y el tío Lucas caminaron hacia la puerta también. Nadie habló, nadie podía creer lo que habían visto sus ojos.

Otra puerta, al otro lado del cuarto de la sepultura se abrió. Apareció el joven de la biblioteca con su ropa medieval. Una luz brillante entró en el cuarto detrás del muchacho, pero no había sombra. Detrás de Adriana, Lucas y Nico, una de las sombras en la pared se movió. Se deslizó por el suelo. Era como si fuera un líquido moviéndose en el suelo hacia el muchacho. El muchacho no dijo nada, ni siquiera[5] parecía asustado.

---

[5]*ni siquiera - didn't even*

La sombra se unió a los pies del muchacho y entonces dejó de parecer un líquido para parecer una sombra normal. Y sin decir nada, el muchacho salió con su sombra y la puerta se cerró detrás de él.

# Glosario

**abajo -** below

**abierto -** open

**abrazo -** hug

**abrazó -** s/he hugged

**abre -** open; (that) s/he open
*(present subjunctive)*

**abriera -** (that) s/he open
*(past subjunctive)*

**abrió -** s/he opened

**abrir -** to open

**abuela -** grandmother

**abuelos -** grandparents

**aburría -** would bore; would
become bored

**aburrido(a) -** bored; boring

**(por si) acaso -** just in case

**acercaron -** they approached

**acercó -** s/he approached

**además -** besides

**adentraron -** they went further into

**adentro -** inside

**adiós -** goodbye

**adónde -** (to) where

**agarrar -** to grab

**agarró -** s/he grabbed

**ahora -** now

**algo -** something

**alguien -** someone

**algún -** some

**alguna -** some

**algunas -** some

**alivia -** it relieves

**aliviado -** relieved

**alivio -** relief

**allí -** there

**alquiler -** rent

**alto -** high; tall

**alumno -** student

**amigo -** friend

**ampolla -** blister

**anda -** s/he walks; s/he goes

**andaba -** s/he walked; was
walking

**año -** year

**anterior -** previous; prior

**antes -** before

**apenas -** barely; hardly

**aprender -** to learn

**aquí -** here

**árbol -** tree

*Glosario*

**armario -** cupboard; closet
**arriba -** up; above
**así -** so
**asustaba -** was scaring; startling
**asustado(a) -** scared; startled
**asustó -** s/he, it scared; startled
**atrás -** behind
**aunque -** although
**ayuda -** s/he helps
**ayudar -** to help
**ayudo -** I help
**ayudó -** s/he helped
**azufre -** sulfur
**bailaban -** they were dancing
**bailar -** to dance
**baja -** low; short in stature; s/he goes lower
**bajaron -** they lowered; got down from
**bajo -** low; short in stature
**bajó -** s/he lowered; got down from
**bala -** bullet
**balón -** ball
**baño -** bathroom

**bereberes -** Berber; descendants of the pre-Arab inhabitants of North Africa
**beso -** kiss
**biblioteca -** library
**bien -** good; well
**bonito(a) -** beautiful; pretty
**brazo -** arm
**buen -** good
**bueno(a) -** good
**busca -** s/he looks for
**buscaba -** s/he was looking for
**buscaban -** they were looking for
**buscabas -** you were looking for
**buscador -** seeker; hunter (of objects)
**buscamos -** we look for
**buscando -** looking for
**buscar -** to look for
**buscaré -** I will look for
**buscarlo -** to look for it
**buscaron -** they looked for
**buscó -** s/he looked for
**busqué -** I looked for

**busquen -** (that) they look for *(present subjunctive)*

**cabeza -** head

**cada -** each

**caía (bien) -** s/he got along (well)

**caja -** box

**cajones -** drawers

**calladita -** silent; quiet

**calle -** street

**calor -** heat

**cama -** bed

**cambia -** s/he changes

**cambiaba -** s/he was changing

**cambiado(a) -** changed

**cambio -** change

**caminaba -** s/he was walking

**caminaban -** they were walking

**caminado -** walked

**caminando -** walking

**caminar -** to walk

**caminaron -** they walked

**camino -** way; path; route

**caminó -** s/he walked

**canción -** song

**cantante -** singer

**cante -** (that) s/he sing *(present subjunctive)*

**cantó -** s/he sang

**cara -** face

**caracol -** spiral shape

**casa -** house

**casi -** almost

**cayera -** (that) s/he fall *(past subjunctive)*

**cayó -** s/he fell

**cerca -** close; near

**cerraba -** s/he; it was closing

**cerrado -** closed

**cerrar -** to close

**cerraron -** they closed

**cerró -** s/he closed

**chica -** girl

**chico -** boy

**chicos -** boys; boys and girls; kids

**churrería -** churro shop

**churro -** fried pastry

**cinco -** five

**ciudad -** city

**claro -** clear; of course

**coche -** car

**cocina -** kitchen

**colegio -** school

**comer -** to eat

**comían -** they were eating

**comida -** food

**comió -** s/he ate

**como -** like; as

**cómo -** how

**con -** with

**concha -** sea shell

**confía -** s/he trusts

**confiaba -** s/he was trusting

**confiable -** trustworthy

**conmigo -** with me

**conocía -** s/he knew

**conocido -** known

**conoció -** s/he met

**conseguir -** to obtain; get; achieve

**consiguió -** s/he obtained; got; achieved

**contaba -** s/he was telling; counting

**contado(a) -** told

**contara -** (that) s/he tell *(past subjunctive)*

**contigo -** with you

**contó -** s/he told

**contra -** against

**corazón -** heart

**corran -** (that) they run *(present subjunctive)*

**correr -** to run

**corrido -** run

**corriendo -** running

**corrió -** s/he ran

**cosa -** thing

**cree -** s/he believes

**creen -** they believe

**creer -** to believe

**creerían -** they would believe

**crees -** you believe

**creía -** s/he believed

**creo -** I believe

**creyó -** s/he believed

**croquetas -** a fried food common in Spain

**cuál -** which

**cuando -** when

**cuánto -** how much

**cuarenta -** forty

**cuarto -** room; quarter

**cuatro -** four

**(darse) cuenta -** to realize

**cuidado -** care; careful

112

**cuidar -** to care for

**cumpliendo condena -** completing a sentence (in prison)

**daba -** s/he gave

**dado -** given

**dale -** give to him/her

**dame -** give to me

**dar -** to give

**daría -** would give

**darle -** to give to him/her

**darme -** to give to me

**darse (cuenta) -** to realize

**date -** give yourself

**date (prisa) -** hurry up

**debajo -** beneath; under

**debemos -** we should; must

**deberíamos -** we should; must

**debía -** s/he should; must

**debían -** they should; must

**débil -** weak

**debo -** I should; must

**decía -** was saying; used to say

**decir -** to say

**decirle -** to say to him/her

**dejado -** left (behind; alone)

**dejar -** to leave (behind; alone)

**dejara -** leave (behind; alone) *(past subjunctive)*

**dejaron -** they left (behind; alone)

**dejó -** s/he left (behind; alone)

**delante -** ahead of; in front of

**demostró -** s/he showed; demonstrated

**dentro -** inside

**derecha -** right

**des -** you give *(present subjunctive)*

**descanso -** break; rest

**desconocido -** unknown; stranger

**desde -** since; from

**desenrollar -** to unroll

**desenrolló -** s/he unrolled

**deseo -** wish; desire

**deslizaba -** s/he, it slid; slithered

**deslizó -** s/he, it slid; slithered

**después -** after

113

*Glosario*

**destrozado(a)** - destroyed; devastated

**detrás** - behind

**devolverselo** - to return it to him/her

**devolvió** - s/he returned (an item)

**dice** - s/he says

**dices** - you say

**dicho** - a saying; said

**diciendo** - saying

**dieciséis** - sixteen

**diera** - (that) s/he give *(present subjunctive)*

**dieron** - they gave

**diez** - ten

**digo** - I say

**dijera** - (that) s/he said *(past subjunctive)*

**dijeron** - they said

**dijo** - s/he said

**dime** - tell me

**dinero** - money

**dio** - s/he gave

**(se) dio cuenta** - s/he realized

**dirigió** - s/he directed

**dolía** - it hurt

**dolor** - pain

**don** - a gift (talent; special skill)

**donde** - where

**dónde** - where

**dormitorio** - bedroom

**dos** - two

**dudaba** - s/he doubted

**duele** - it hurts

**dueño** - owner

**durante** - during; for a time period

**durmiendo** - sleeping

**durmió** - s/he slept

**echaba de menos** - s/he missed someone/something

**echar de menos** - to miss someone/something

**edificio** - building

**emocionado(a)** - excited

**empezaba** - s/he or it was beginning

**empezaban** - they were beginning

**empezando** - beginning

**empezar** - to begin

**empezaron** - they began

**empezó -** s/he or it began

**empieza -** s/he or it begins

**empiezan -** they begin

**encanta -** it enchants (someone loves something)

**(me) encargo -** (I'll) take charge; take care of it

**encerraba -** s/he, it was closing

**encerrando -** closing

**encerró -** closed

**encima -** on top; above

**enojado(a) -** angry

**enojo -** anger

**entendía -** s/he understood

**entendido -** understood

**entendió -** s/he understood

**enterraron -** they buried

**entiendo -** I understand

**entonces -** then

**entre -** between

**época -** era; age; time period; epoch

**era -** s/he, I, it was

**eran -** they were

**eras -** you were

**eres -** you are

**esa -** that

**escaleras -** stairs

**escalofrío -** shiver; chill (from fear)

**esconder -** to hide

**esconderse -** to hide oneself

**escrito -** written

**escuchaban -** they listened

**escuchando -** listening

**escucharlo -** to listen to it

**escuche -** (that) s/he listen *(present subjunctive)*

**escuchó -** s/he listened

**ese -** that

**esfuerzo -** force; effort

**eso -** that

**espera -** s/he waits; hopes for

**esperaba -** s/he was waiting; hoping for

**esperando -** waiting; hoping for

**esperar -** to wait; hope for

**esperarlos -** to wait for them

**esperaron -** they waited; hoped for

**esperen -** (that) they wait; hope for *(present subjunctive)*

**esta -** this

*Glosario*

**está -** is

**estaba -** was

**estaban -** they were

**estabas -** you were

**estamos -** we are

**están -**they are

**estar -** to be

**estas -** these

**estás -** you are

**este -** this

**estés -** (that) you are *(present subjunctive)*

**esto -** this

**estos -** these

**estoy -** I am

**estuviera -** (that) s/he were *(past subjunctive)*

**estuvieron -** they were

**estuvo -** s/he; it was

**fácil -** easy

**fácilmente -** easily

**fea -** ugly

**fría -** cold

**fue -** s/he went; was

**fuego -** fire

**fuera -** (that) she; it were; went *(past subjunctive)*

**fueran -** (that) they were; went *(past subjunctive)*

**fueron -** they went; were

**fuerte -** strong; forceful; loud

**fuertemente -** forcefully; loudly

**fuerza -** force; strength

**fui -** I went; was

**ganar(se) -** to earn; win (for oneself)

**ganas -** feeling of wanting, desire or urge

**gente -** people

**golpear -** to hit

**gracias -** thanks

**grave -** serious; grave

**gritar -** to shout

**gritó-** s/he shouted

**grito -** shout

**guapo -** attractive

**Guardia Civil -** Spain's national police

**gusta -** is pleasing (likes)

**gustaba -** was pleasing (liked)

**gustaban -** were pleasing (liked)

**gustaría -** would please (like)

**gusto -** pleasure

**gustó -** pleased (liked)

**ha -** has

**haber -** to have

**había -** there was; there were; there used to be

**habían -** they had

**habla -** s/he talks

**hablaba -** was talking

**hablaban -** they were talking

**hablado -** talked

**hablar -** to talk

**hablarle -** to talk to him/her

**hablaron -** they talked

**habló -** s/he talked

**hacen -** they make; do

**hacer -** to make; do

**hacerle -** to make him/her

**haces -** you make; do

**hacia -** toward

**hacía -** s/he was making; doing

**haciendo -** making; doing

**haciéndose -** making him/herself

**hagas -** (that) you make; do *(present subjunctive)*

**hambre -** hunger

**hambrienta -** starving

**hasta -** until

**hay -** there is; there are

**haya -** (that) there is; there are *(present subjunctive)*

**haz -** make; do *(informal command)*

**hecho -** made; done

**herida -** wound; injury

**hermana -** sister

**hermano -** brother

**hicieron -** they made; did

**hija -** daughter

**hizo -** s/he made; did

**hombre -** man

**hoy -** today

**hubiera -** (that) there were *(past subjunctive)*

**hubieran -** (that) they had *(past subjunctive)*

**hubo -** there was; there were

**huevo -** egg

**iba -** s/he was going

**iban -** they were going

*Glosario*

**ibas -** you were going
**idioma -** language
**ido -** gone
**iglesia -** church
**igual -** equal; same
**igualmente -** equally
**incómodo -** uncomfortable
**ingresar -** to enroll
**intentaba -** s/he was trying
**intentar -** to try
**intentó -** s/he tried
**internado -** boarding school
**inútil -** useless
**ir -** to go
**irían -** they would go
**irse -** to go away; leave
**izquierda -** left (direction)
**jamón -** ham
**joven -** young; young person
**joyas -** jewels; jewelry
**juego -** game
**jueves -** Thursday
**jugaba -** s/he was playing
**jugaban -** they were playing
**jugado -** played
**jugando -** playing
**jugar -** to play
**juntos -** together

**lado -** side
**ladrón -** thief
**lástima -** shame
**leer -** to read
**leerlo -** to read it
**leía -** s/he was reading
**leído -** read
**lejos -** far
**lengua -** tongue
**lentamente -** slowly
**leo -** I read
**levantaron -** they lifted; stood up
**levantarse -** to stand up
**levantó -** s/he lifted; stood up
**leyó -** s/he read
**libro -** book
**linterna -** flashlight
**llama -** s/he calls
**llamaba -** s/he was calling
**llamada -** call
**llamado -** called
**llámame -** call me
**llamar -** to call
**llamarlo -** to call him
**llamó -** s/he called
**llave -** key

**llegaba -** s/he was arriving

**llegado -** arrived

**llegar -** to arrive

**llegaron -** they arrived

**llegó -** s/he arrived

**llevaba -** s/he was wearing; carrying; taking

**llevar -** to wear; carry; take

**llevarla -** to wear; carry; take it/her

**llevarnos -** to take us

**llevarte -** to take you

**llevó -** s/he wore, carried, took

**lloraba -** s/he was crying

**llorar -**to cry

**loco -** crazy

**luces -** lights

**lugar -** place

**lunes -** Monday

**luz -** light

**madera -** wood

**madre -** mother

**mal(o/a) -** bad

**maleta -** suitcae

**mañana -** morning; tomorrow

**mandó -** s/he sent

**mano -** hand

**mar -** sea; ocean

**mariposa -** butterfly

**martes -** Tuesday

**más -** more

**matado -** killed

**matar -** to kill

**mataron -** they killed

**medio(a) -** half

**mejor -** better; best

**menos -** less

**mesa -** table

**meter -** to place/put into

**metió -** s/he put into

**mientras -** while

**mil -** one thousand

**mira -** s/he watches; looks at

**miraba -** s/he was watching; looking at

**mirada -** look

**mirar -** to watch; look at

**miraron -** they watched; looked at

**miró -** s/he watched; looked at

**mismo(a)(os)(as) -** same

**molestaba -** s/he; it was bothering

*Glosario*

**monedas -** coins

**moros -** Moors (Arabic people of Northern Africa); may be seen as pejorative in modern usage in some areas.

**muchacha -** girl

**muchacho -** boy

**muchachos -** boys or kids

**mudéjar -** of or denoting a partly Gothic, partly Islamic style of architecture and art prevalent in Spain in the 12th to 15th centuries.

**muere -** s/he dies

**muerte -** death

**muerto -** dead; died

**mujer -** woman

**mundo -** world

**murió -** s/he died

**muy -** very

**nada -** nothing

**nadar -** to swim

**nadie -** no one

**nadó -** s/he swam

**narices -** nostrils; nose

**nariz -** nose

**Navidad -** Christmas

**(se) negó -** s/he refused

**negro(a) -** black

**ni -** nor; neither

**ningún -** none; not a single one

**ninguna -** none; not a single one

**niño -** little boy; child

**noche -** night

**nos -** us

**nosotros -** we

**novio(a) -** boyfriend/girlfriend

**nuestro(a) -** our

**nuevo(a) -** new

**nunca -** never

**ocultar -** to hide

**ocupado(a) -** busy

**oído -** heard

**oír -** to hear

**ojo -** eye

**oler -** to smell

**olía -** s/he or it smelled

**olor -** smell; odor

**oro -** gold

**oscuridad -** darkness

**oscuro(a) -** dark

**oyeron -** they heard

**oyó -** s/he heard

**padre -** father

**padres -** parents

**pagar -** to pay

**pagaron -** they paid

**pagó -** s/he paid

**países -** countries

**palabra -** word

**parar -** to stop; to "end up" somewhere

**parece -** s/he or it seems

**parecen -** they seem

**parecer -** to seem

**parecería -** would seem

**parecía -** s/he or it seemed

**parecían -** they seemed

**pareció -** s/he or it seemed

**pared -** wall

**pasa -** s/he passes; it happens

**pasaba -** s/he was passing; it was happening

**pasaban -** they were passing; was happening

**pasadizo -** passageway

**pasado -** past; passed

**pasando -** passing; happening

**pasar -** to pass; happen

**pasaría -** would pass; happen

**pasaron -** they passed; happened

**pase -** (that) s/he pass; happen *(present subjunctive)*

**paseaba -** s/he was walking around

**paseaban -** they were walking around

**pasemos -** (that) we pass *(present subjunctive)*

**paseo -** a walk; stroll

**pasó -** s/he; it passed; it happened

**pedazos -** pieces

**pedir -** to ask for

**peligro -** danger

**peligroso(a) -** dangerous

**pelo -** hair

**pena -** sorrow; punishment; prison sentence

**pensaba -** s/he was thinking

**pensaban -** they were thinking

**pensamientos -** thoughts

**pensando -** thinking

**pensar -** to think

**pensara -** (that) s/he thought *(past subjunctive)*

**pensarlo -** to think about it

**pensé -** I thought

**pensó -** s/he thought

**pequeño(a) -** small

**perder -** to lose

**perdido -** lost

**perdió -** s/he lost

**pero -** but

**perseguían -** they were chasing

**perseguido -** chased

**persiguiéndome -** chasing me

(**a**) **pesar** (**de**) - in spite of

**pidan -** (that) they ask for *(present subjunctive)*

**pidió -** s/he asked for

**piedra -** stone

**pies -** feet

**piso -** an apartment or condominium in Spain; floor

(**dejar**) **plantado -** (to leave) planted; colloquial expression meaning to stand someone up (not arrive at a pre-planned date or meeting).

(**en**) **plena** (**calle**) - right in the street; out in the open

**poco -** little; few

**podamos -** (that) we are able to *(present subjunctive)*

**podemos -** we can; are able

**poder -** to be able; power

**poderes -** powers

**poderoso -** powerful

**podía -** s/he was able; could

**podían -** they were able; could

**podría -** s/he would be able; could

**podrías -** you would be able; could

**pones -** you put; place

**ponían -** they put; used to put

**por -** for

**por si acaso -** just in case

**porque** - because

**preguntas** - questions

**preguntó** - s/he asked

**prender** - to put on (clothing); to turn on (appliance or light)

**prendida** - turned/switched on (appliance or light)

**prendieron** - they turned/switched on (appliance or light)

**prendió** - s/he turned/switched on (appliance or light)

**preocupaba** - s/he was worrying

**preocupación** - worry

**preocupado(a)** - worried

**(no te) preocupes** - (don't) worry

**presentimiento** - premonition; feeling

**primer(o)** - first

**principal** - main; primary

**prisa** - haste; hurry

**(date) prisa** - hurry (up)

**propia** - own (belonging to)

**proteger** - to protect

**protegerlos** - to protect them

**pudiera** - (that) s/he were able *(past subjunctive)*

**pudieran** - (that) they were able *(past subjunctive)*

**pudieron** - they were able

**pudo** - s/he could

**pueda** - (that) s/he be able to *(present subjunctive)*

**puede** - s/he can; is able

**pueden** - they can; are able

**puedes** - you can; are able

**puedo** - I can; am able

**puerta** - door

**puerto deportivo** - marina

**pues** - well

**puesto** - placed; put

**puso** - s/he put; placed

**que** - that

**qué** - what

**quedaban** - they were staying; remaining

**quedado** - stayed; remained

**quedaron** - they stayed; remained

**quedarse** - to stay; remain

**quedas** - you stay; remain

**quedó** - s/he stayed; remained

*Glosario*

**quemado -** burned; burnt
**quemadura -** burn
**quemaría -** would burn
**quemó -** it burned
**queremos -** we want
**querer -** to want
**quería -** s/he wanted
**querían -** they wanted
**quién -** who
**quiénes -** who
**quiere -** s/he wants
**quieren -** they want
**quieres -** you want
**quiero -** I want
**quinto -** fifth
**quitado -** taken; removed
**quitar -** to take; remove
**quítate -** get out of the way
**quitó -** s/he took; removed
**quizás -** maybe; perhaps
**raro(a) -** strange; weird
**recogió -** s/he gathered;
    picked up
**recordó -** s/he remembered
**regresado -** returned
**regresan -** they return
**regresara -** (that) s/he return
    *(past subjunctive)*

**regresaron -** they returned
**regresó -** s/he returned
**reían -** they were laughing
**reído -** laughed
**reina -** queen
**reírse -** to laugh
**(de) repente -** suddenly
**reunían -** they were meet-
    ing; gathering
**reunión -** meeting; gathering
**riendo -** laughing
**riéndose -** laughing
**rincón -** corner
**rió -** s/he laughed
**rodilla -** knee
**roja -** red
**romper -** to break
**ropa -** clothing
**roto -** broken
**ruido -** noise
**sabe -** s/he knows
**sabemos -** we know
**saber -** to know
**sabes -** you know
**sabía -** s/he knew
**sabían -** they knew
**sabiendo -** knowing
**sabrá -** will know; must
    know

124

**sabría** - would know; must know

**sacar** - to take out

**sacaron** - they took out

**sacó** - s/he took out

**sal** - leave *(command)*

**sala** - room

**salía** - s/he was leaving

**salido** - left

**salieran** - (that) they leave *(past subjunctive)*

**salieron** - they left

**salió** - s/he left

**salir** - to leave

**saltó** - s/he jumped

**salvar** - to save

**salvarla** - to save her

**salvó** - s/he saved

**sé** - I know

**seguía** - s/he was following; continuing

**seguido** - followed; continued

**seguir** - to follow; continue

**según** - according to

**seguramente** - surely

**seguro** - sure; safe

**seis** - six

**semana** - week

**sensible** - sensitive

**sentado** - sat

**sentía** - s/he was feeling

**sentían** - they were feeling

**sentido** - felt

**sentimientos** - feelings

**sentir** - to feel

**sentirse** - to feel

**sentó** - s/he sat

**sepultura** - grave; sepulchre

**ser** - to be

**será** - will be

**si** - if

**sido** - been

**siempre** - always

**siente** - it feels

**siento** - I feel

**siglo** - century

**sigue** - s/he follows; continues

**siguiendo** - following; continuing

**siguiente** - following; next

**siguieron** - they followed; continued

**siguió** - s/he followed; continued

**silla** - chair

**simpático(a)** - nice

**sin** - without

**sino** - rather

**sintieron** - they felt

**sintió** - s/he felt

**sobre** - about

**sobrina** - niece

**socorro** - help (in an emergency)

**sombra** - shadow; shade

**son** - they are

**sonó** - sounded

**sonreía** - s/he was smiling

**sonriendo** - smiling

**sonrió** - s/he smiled

**sonrisa** -smile

**sorteo** - drawing; raffle

**sótano** - basement

**soy** - I am

**su** - his; hers; theirs

**suave** - soft

**suavizaron** - they softened

**subía** - s/he was going up

**subieron** - they went up

**suelo** - ground; floor

**sugirió** - s/he suggested

**supo** - s/he found out

**susto** - a startle; a scare

**suyo** - his; hers; theirs

**tal** - such

**tallado(a)** - carved

**también** - also

**tampoco** - neither; either

**tan** - so

**tanto(a)(os)(as)** - so much; so many

**tapándose** - covering

**tapó** - s/he covered

**tarde** - late; afternoon

**te** - you

**temblor** - earthquake

**tendría** - would have

**tendrían** - they would have

**tenemos** - we have

**tener** - to have

**tenga** - (that) s/he have *(present subjunctive)*

**tengo** - I have

**tenía** - s/he had

**tenían** - they had

**tenías** - you had

**tenido** - had

**teniendo** - having

**terminar** - to finish

**terminó** - s/he finished

**terraza -** outdoor dining area

**tesoro -** treasure

**ti -** you

**tiene -** s/he has

**tienen -** they have

**tienes -** you have

**tifinagh -** alphabet used by many Berber languages in Northern Africa

**tío -** uncle

**tiró -** s/he threw

**tocaba -** was touching

**tocando -** touching

**tocar -** to touch

**tocara -** (that) s/he touched *(past subjunctive)*

**tocó -** s/he touched

**todavía -** still; yet

**todo(a) -** all; every

**todos -** all; every; everyone

**tomado -** taken; eaten

**tomar -** to take; to eat

**tomó -** s/he took

**tonterías -** foolishness

**trabaja -** s/he works

**trabajaba -** s/he was working

**trabajando -** working

**trabajar -** to work

**trabajo -** work; job

**tranquilamente -** calmly

**tranquilizar -** to calm

**tranquilizarse -** to calm down

**tres -** three

**triste -** sad

**tristemente -** sadly

**tristeza -** sadness

**tu -** your

**tú -** you

**tuna -** A tuna is a group of university students in medieval clothing who play instruments and sing serenades. The tradition originated 13th century Spain as a way students could earn money or food. Today tunas exist to keep tradition alive.

**túnez -** Tunisia; Tunisian (country in Northern Africa)

**tuno -** a member of a tuna

*Glosario*

**tuvo -** s/he had
**Ud**. **-** you
**Uds**. **-** you *(plural)*
**último -** last
**un(a) -** a; an; one
**única -** only
**unió -** united; joined
**va -**s/he goes
**vago -** lazy
**valiente -** brave
**vamos -** we go; let's go
**van -** they go
**vas -** you go
**vayamos -** (that) we go *(present subjunctive)*
**ve -** s/he sees; (that) s/he go *(present subjunctive)*
**veces -** times
**veía -** s/he saw
**veinte -** twenty
**veinticuatro -** twenty four
**ven -** they see; come (here) *(command)*
**venía -** s/he used to come
**ventana -** window
**veo -** I see
**ver -** to see
**verano -** summer

**verdad -** true; truth
**verían -** they would see
**verla -** to see her/it
**vernos -** to see us
**verse -** to see oneself; to look/appear
**verte -** to see yourself
**ves -** you see
**vez -** a time
**vi -** I saw
**viajar -** to travel
**vida -** life
**vieja -** old; old woman
**viene -** s/he comes
**vienes -** you come
**viera -** (that) s/he saw *(past subjunctive)*
**vieron -** they saw
**vio -** s/he saw
**visten -** they dress
**visto -** seen
**vive -** s/he lives
**vivía -** s/he lived
**vivían -** they lived
**vivido -** lived
**vivir -** to live
**volvemos -** we return
**volver -** to return

**volvieron -** they returned

**volvió -** s/he returned

**voy -** I go

**vuelva -** (that) s/he return
    *(present subjunctive)*

**vuelven -** they return

**y -** and

**ya -** yet; already

**yo -** I

*Glosario*

# Cognados

**abordaban -** they were boarding

**abordó -** s/he boarded

**absolutamente -** absolutely

**abundan -** they abound; are plentiful

**accidente -** accident

**acompañado -** accompanied

**acompañarnos -** to accompany us

**acompañaron -** they accompanied

**acompañó -** s/he accompanied

**acostumbrado -** accustomed

**activa -** active

**actividad -** activity

**actos -** acts

**actriz -** actress

**admitir -** to admit

**adolescentes -** adolescents; teenagers

**afectaba -** it affected

**agitado -** agitated

**aire -** air

**ajustaron -** they adjusted

**alarmado -** alarmed

**alfabeto -** alphabet

**alternativa -** alternative

**ambulancia -** ambulance

**anciano -** ancient; elderly

**animadamente -** animatedly

**ansiedad -** anxiety

**ansioso -** anxious

**antigua -** old; antique

**antorcha -** torch

**anunciado -** announced

**aparecieron -** they appeared

**apareció -** s/he appreciated

**aparentemente -** apparently

**aparte -** apart

**apuntaba -** s/he pointed

**apuntaron -** they pointed

**apuntó -** s/he pointed

**árabe -** Arab; Arabic

**arcos -** arches

**área -** area

**arqueología -** archaeology

**arqueólogo -** archaeologist

**arquitectura -** architecture

**arrogante -** arrogant

*Cognados*

**artefacto** - artefact
**asesino** - assassin; murderer
**asignaron** - they assigned
**asistente** - assistant
**atención** - attention
**atento** - attentive
**aterrorizada** - terrified
**atlético** - athletic
**atraer** - to attract
**atrapado** - trapped
**atrapó** - s/he trapped
**automáticamente** - automatically
**avanzando** - advanced
**aventura** - adventure
**aventurero** - adventurous
**avísanos** - advise us; let us know
**balcón** - balcony
**bar** - bar
**bomba** - bomb
**brevemente** - briefly
**brillante** - brilliant
**caos** - chaos
**caótica-** chaotic
**característica** - characteristic
**carrera** - career

**caso** - case
**causaban** - they were causing
**causado** - caused
**causar** - to cause
**causas** - you cause
**causó** - s/he caused
**celda** - cell (of jail)
**celular** - cellular; cell phone
**centro** - center; downtown
**cierto** - certain; true
**circular** - circular
**clases** - classes
**colega** - colleague
**colonizaron** - they colonized
**columnas** - columns
**comentó** - s/he commented
**compañera** - companion; mate
**compartimento** - compartment
**completamente** - completely
**completo** - complete
**compulsión** - compulsion
**computadora** - computer
**comunes** - common

132

**concentrado -** concentrated

**concentrando -** concentrating

**concentrarse -** to concentrate

**condiciones -** conditions

**conexión -** connection

**confundido -** confused

**confusión -** confusion

**conmoción -** commotion

**construido -** constructed

**contacto -** contact

**contenido -** contained

**contenta -** happy

**continuó -** s/he continued

**contrario -** contrary

**contratar -** to contract; hire

**control -** control

**convento -** convent

**conversaban -** they were conversing

**convirtió -** s/he converted

**correcta -** correct

**cortinas -** curtains

**costa -** coast

**cruel -** cruel

**cruelmente -** cruelly

**cruzaron -** they crossed

**cruzó -** s/he crossed

**curado -** cured; healed

**curso -** curse

**decidió -** s/he decided

**decisión -** decision

**decoración -** decoration

**dedicaron -** they dedicated

**definitivamente -** definitely

**delicadamente -** delicately

**deliciosa -** delicious

**demoliciones -** demolitions

**demonio -** demon

**dependía -** s/he or it depended

**desafortunadamente -** unfortunately

**desaparecer -** to disappear

**desaparecía -** s/he or it was disappearing

**desaparecido -** disappeared

**desaparecieron -** they disappeared

**desaparición -** disappearance

**desastre -** disaster

**descubierto -** discovered

**descubriendo -** discovering

**descubrieran -** (that) they discovered *(past subjunctive)*

*Cognados*

**desierto** - desert

**desorden** - disorder; mess

**desorientado** - disoriented

**destrucción** - destruction

**detectar** - to detect

**detectara** - (that) s/he detect *(past subjunctive)*

**detectó** - s/he detected

**detectores** - detectors

**día** - day

**diferencia** - difference

**diferente** - different

**difícil** - difficult

**directa** - direct

**directamente** - directly

**director** - director; principal

**disgusto** - disgust

**distancia** - distance

**distanciado** - distanced

**distanciarse** - to distance oneself

**distraídos** - distracted

**doble** - double

**ejemplo** - example

**eléctrico** - electric

**elegante** - elegant

**eliminar** - to eliminate

**emoción** - emotion; excitement

**encontrado** - found

**encontrar** - to find

**encontrara** - (that) s/he find *(past subjunctive)*

**encontraran** - (that) they find *(past subjunctive)*

**encontraron** - they found

**encontré** - I found

**encontró** - s/he found

**encuentres** - (that) you find *(present subjunctive)*

**enemigo** - enemy

**energía** - energy

**enfrente** - in front

**enfurecidos** - furious

**enorme** - enormous

**entraba** - - s/he was entering

**entrada** - entrance

**entrado** - entered

**entrar** - to enter

**entraran** - (that) they enter *(past subjunctive)*

**entraron** - they entered

**entren** - (that) they enter *(present subjunctive)*

**entró** - s/he entered

**entusiasmada -** enthusiastic

**escapado -** escaped

**escapando -** escaping

**escapar -** to escape

**escaparon -** they escaped

**escape -** escape

**escapó -** s/he escaped

**escena -** scene

**escuela -** school

**especial -** special

**espíritu -** spirit

**estable -** stable

**estado -** state

**estilo -** style

**estómago -** stomach

**estrés -** stress

**estudiaba - -** s/he was studying

**estudiaban -** they were studying

**estudiante -** student

**estudiar -** to study

**estudió -** s/he studied

**estudios -** studies

**eternidad -** eternity

**evento -** event

**evidencia -** evidence

**evidentemente -** evidently

**exactamente -** exactly

**examinar -** to examine

**excavar -** to excavate; dig

**exclamó -** s/he exclaimed

**exclusivamente -** exclusively

**exhausto -** exhausted

**existe -** s/he or it exists

**existen -** they exist

**explicar -** to explain

**explicó -** s/he explained

**explorar -** to explore

**extendió -** s/he extended

**extra -** extra

**fachada -** façade (the front of a building)

**familia -** family

**familiar -** familiar; family member

**fascinado -** fascinated

**fatigada -** fatigued; tired

**favorita -** favorite

**ferry -** ferry

**figura -** figure

**filmando -** filming

**final -** final

**finalmente -** finally

**físicas -** physical

**forma -** form

## Cognados

**formar -** to form
**foto -** photo
**frágil -** fragile
**funcionaba -** functioned; worked
**funeral -** funeral
**fútbol -** soccer
**futuro -** future
**genio -** genie
**genuina -** genuine
**graduado -** graduated
**grupo -** group
**guardando -** guarding
**guardar -** to guard; to keep
**guiaba - -** s/he was guiding
**guiado -** guided
**guiar -** to guide
**hipnótico -** hypnotic
**historia -** history; story
**honestamente -** honestly
**hora -** hour; time
**hospital -** hospital
**humor -** humor; mood
**idea -** idea
**idiotas -** idiots
**ignóralo -** ignore it/him
**ignorar -** to ignore
**ilegal -** illegal

**imagen -** image
**imaginaba -** s/he was imagining
**imaginación -** imagination
**imaginar -** to imagine
**imbéciles -** imbeciles; idiots
**importa -** it matters; is important
**importaba -** mattered; was important
**importancia -** importance
**importante -** important
**inconsciente -** unconscious
**incrédulo -** incredulous
**indeciso -** indecisive
**indicó -** s/he indicated
**información -** information
**informarle -** to inform him/her
**informó -** s/he informed
**inmediatamente -** immediately
**inmenso -** immense
**inspección -** inspection
**instante -** instant
**intacto -** intact
**inteligente -** inteligent
**intensamente -** intensely

**intensidad** - intensity

**intenso** - intense

**interpretado** - interpreted

**interpretarlo** - to interpret it

**interrumpió** - s/he interrupted

**intrincadamente** - intricately

**intrincadas** - intricate

**invadiendo** - invading

**investigar** - to investigate

**irlandés** - Irish

**irracionales** - irrational

**irresponsabilidad** - irresponsibility

**irritado** - irritated

**lámpara** - lamp

**letras** - letters

**leyenda** - legend

**libertad** - liberty

**líder** - leader

**lingüística** - linguistic

**líquido** - liquid

**localizarle** - to locate him/her

**lucrativo** - lucrative

**magia** - magic

**mágico** - magic

**malévolos** - malevolent; evil

**mamá** - mom

**manera** - manner

**mapa** - map

**maratón** - marathon

**marca** - mark

**marroquí** - Morrocan

**marruecos** - Morroco

**masculinas** - masculine

**mayoría** - majority

**medianoche** - midnight

**medieval** - medieval

**memoria** - memory

**mencionaron** - they mentioned

**mensaje** - message

**metal** - metal

**minutos** - minutes

**misterio** - mystery

**misterioso** - mysterious

**moderno** - modern

**momento** - moment

**monasterio** - monastery

**monedas** - coins (money)

**moverse** - to move

**movía** - s/he was moving

**moviéndose** - moving

**movió** - s/he moved

**mucho** - much

## Cognados

**murmuró** - s/he murmured

**necesario** - necessary

**necesidades** - necessities

**necesitaba** - s/he needed

**necesitarlos** - to need them

**necesitas** - you need

**necesito** - I need

**negativa** - negative

**nerviosamente** - nervously

**nervioso** - nervous

**noble** - noble

**normal** - normal

**normalmente** - normally

**norte** - north

**nota** - s/he notes; notices

**notaba** - s/he noted; noticed

**notificación**

**notó** - s/he noted; noticed

**observaba** - s/he observed

**observó** - s/he observed

**obviamente** - obviously

**oferta** - offer

**oficial** - officer

**oficina** - office

**oportunidad** - opportunity

**orden** - order

**ordenó** - s/he ordered

**originales** - original

**otro** - another

**paciencia** - patience

**palma** - palm

**palpitaba** - palpitating; beating

**panel** - panel

**pánico** - panic

**papel** - paper

**paranoico** - paranoid

**parque** - park

**parte** - part

**participaba** - s/he participated

**pasado** - past; passed

**patio** - patio

**pausa** - pause

**pausó** - s/he paused

**perdón** - pardon

**perdóname** - pardon me; forgive me

**persona** - person

**personal** - personal

**pintado** - painted

**pistola** - pistol; gun

**placer** - pleasure

**planes** - plans

**platos** - plates

**plaza** - plaza

**pobre** - poor
**poema** - poem
**policía** - police
**populares** - popular
**posesión** - posession
**posibilidad** - possibility
**posible** - possible
**posiblemente** - possibly
**posición** - position
**practicara** - practice
**preciosa** - precious
**prefería** - s/he preferred
**preparaba** - s/he prepared
**preparado** - prepared
**prepararme** - to prepare myself
**presencia** - presence
**presente** - present
**presentó** - s/he presented
**previo** - previous
**privado** - private
**probablemente** - probably
**problemas** - problems
**proceso** - process
**profesión** - profession
**profesor** - professor; teacher
**prohibido** - prohibited; forbidden

**prométanme** - promise me
**prometió** - s/he promised
**prometo** - I promise
**pronto** - pronto; soon
**proteger** - to protect
**protegida** - protected
**proyecto** - project
**pulsaba** - it was pulsing
**pulsar** - to pulse
**punto** - point
**rápidamente** - rapidly
**rápido** - rapid
**razón** - reason
**reacción** - reaction
**reaccionar** - to react
**realidad** - reality
**realmente** - really
**rebelde** - rebel
**recibido** - received
**recibió** - s/he received
**recita** - s/he recites
**recitar** - to recite
**recitó** - s/he recited
**reconocer** - to recognize
**reconoció** - s/he recognized
**recuperar** - to recover
**refrigerador** - refrigerator
**relación** - relationship

## Cognados

**remotas** - remote

**renovaciones** - renovations

**repitió** - s/he repited

**repugnante** - repugnant

**resentimiento** - resentment

**resistir** - to resist

**resolver** - to resolve; to solve

**respiraba** - s/he was breathing

**respirando** - breathing

**respirar** - to breathe

**respondió** - s/he responded

**responsabilidad** - responsibility

**resultado** - result

**revelando** - revealing

**revelar** - to reveal

**reveló** - s/he revealed

**rico** - rich

**robaban** - they were stealing

**roban** - they steal

**robarle** - to steal from him/her

**robaron** - they stole

**robotizada** - robotic

**rollo** - roll; scroll; hassle; problem

**rumores** - rumors

**sabático** - sabbatical

**salvar** - to save

**salvó** - s/he saved

**sarcásticamente** - sarcastically

**secreto** - secret

**semestre** - semester

**sensación** - sensation; feeling

**sensible** - sensitive

**separada** - separated

**separarse** - to separate

**septiembre** - September

**sepultura** - sepulchre; grave

**serio** - serious

**serpiente** - snake

**significaba** - signified; meant

**silencio** - silence

**silenciosamente** - silently

**símbolos** - symbols

**similar** - similar

**simple** - simple

**simplemente** - simply

**siniestra** - sinister

**sistema** - system

**sitio** - site; place

**situación** - situation

**social** - social

**sofá** - sofa

**solicitado** - solicited

**solo** - solo; only

**sorprendido** - surprised

**sorpresa** - surprise

**sospechar** - to suspect

**subterráneo** - subterranean (underground)

**suéter** - sweater

**suficiente** - sufficient

**sufriendo** - suffering

**superstición** - superstition

**surrealista** - surreal

**talentoso** - talented

**(llamada) telefónica** - telephone (call)

**teléfono** - telephone

**temblaba** - s/he or it was trembling; shaking

**temblar** - to tremble

**temblaron** - they trembled

**temblor** - earthquake

**tendencia** - tendency

**tenso** - tense

**terrible** - terrible

**terror** - terror

**texto** - text

**tiempo** - time

**típico** - typical

**tocando** - touching

**tocar** - to touch

**tocara** - touch

**tocó** - s/he touched

**tormenta** - torment; storm

**total** - total

**totalmente** - totally

**trance** - trance

**tranquilamente** - tranquilly; calmly

**tranquilizar** - to calm

**tranquilizarse** - to calm down

**tren** - train

**tumba** - tomb

**turista** - tourist

**universidad** - university

**universitario** - of or from the university

**usaba** - s/he was using

**usan** - they use

**usar** - to use

**usó** - s/he used

**vacaciones-** vacation

**valiente** - valiant; brave

*Cognados*

**valor -** value

**varios -** various

**verso -** verse

**vibración -** vibration

**vibrar -** to vibrate

**violentamente -** violently

**violento -** violent

**visita -** s/he visits

**visitaba -** s/he was visiting

**visitarla -** to visit it/her

**visitas -** you visit

**visten -** (that) they visit *(present subjunctive)*

**visto -** seen

**voces -** voices

**vomitar -** to vomit

**voz -** voice

**yate -** yacht

# More Compelling Reads & Online E-courses:

## flip book, audio book,

## interactive warm-up & follow-up activities

## FluencyMatters.com

Fluency Matters

# *Brandon Brown Series*

Present Tense
75 unique words
(Also in French)

Present Tense
103 unique words

(Also in Chinese
French, German,
Italian & Latin)

Past & Present
Tense
140 unique words
(Also in French)

2 versions under 1 cover!

Past & Present
Tense
200 unique words
(Also available in
French & Russian)

2 versions under 1 cover!

# Level 1 Nonfiction

Past Tense
150 unique words

Present Tense
1st person
200 unique words

Past Tense
150 unique words
(Also in English & French)

# Level 1 Fiction

Past Tense
150 unique words

Present Tense
190 unique words

Present Tense
180 unique words
(Also in French)

Past Tense
280 unique words

# Level 1/2

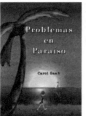

Past Tense
250 unique words
(Also in French)

Past Tense
290 unique words

**Prequel**
Past & Present
Tense
380 unique
words
(Also in French)

**2 versions under 1 cover!**

**Sequel to Robo en
la noche**
Past Tense
290 unique words

Past Tense
250 unique words

Present Tense
295 unique words
(Also in French)

# Level 2

**2 versions under 1 cover!**

**Prequel**
375 unique words
Past & Present
Tense

**Sequel to Los
Baker Van a Perú**
375 unique words
Past Tense

# *Level 3*

 Past tense
395 unique words

 Past tense
395 unique words

 Past tense
395 unique words

 Past tense
425 unique words

 Past tense
450 unique words

 Past tense
600 unique words